# 期货市场交易守则

肖敏顺／著

理性交易

理性保值

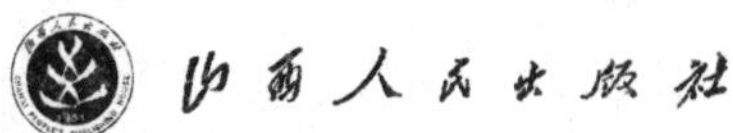

**图书在版编目（CIP）数据**

期货市场交易守则/肖敏顺著. —太原：山西人民出版社，2011.12
ISBN 978-7-203-07509-7
Ⅰ. ①期… Ⅱ. ①肖… Ⅲ. ①期货市场—市场交易
Ⅳ. ①F830.9
中国版本图书馆CIP数据核字（2011）第241799号

**期货市场交易守则**

著　　者：肖敏顺
责任编辑：冯灵芝
装帧设计：周周设计

出 版 者：山西出版集团　山西人民出版社
地　　址：太原市建设南路21号
邮　　编：030012
发行营销：0351-4922220　4955996　4956039
　　　　　0351-4922127（传真）4956038（邮购）
E-mail　：sxskcb@163.com　发行部
　　　　　sxskcb@126.com　总编室
网　　址：www.sxskcb.com

经 销 者：山西出版集团　山西人民出版社
承 印 者：三河市航远印刷有限公司

开　　本：710mm×1000mm　1/16
印　　张：16.5
字　　数：200千字
版　　次：2012年1月第1版
印　　次：2013年8月第2次印刷
书　　号：ISBN 978-7-203-07509-7
定　　价：42.00

**我们不是市场之神，**

**我们寻找持续稳定的赢利方法。**

# 写在前面

这是一本凝结了作者近二十年期货操作经验的心血之作。我不能保证这本书一定能够使您在投资市场里赚得盆满钵满，但我坚信它一定会使您少走许多弯路，使您离成功更近，离利润更近。

1991年，我进入大冶有色金属公司销售处从事期货工作。在随后的几年里，我们在期货市场颇有收获，1996年开始，我所指导的全部客户都在期货市场中取得了连续三年盈利的成绩，其中一位客户更在一个月的时间内获得了168%的回报率。

1996年发生的住友事件导致了我交易理念的一次重大升华。我的交易思想由单纯追求资金翻番转变为追求持续稳定盈利，由单纯追求利润转变为在控制风险的前提下获取利润。1999年回到单位从事市场分析工作后，我把前期的感悟汇编成了 本工作手册，其目的是用该手册指导后期的操作，使自己在交易过程中能够永远保持理性。

该手册的编写工作持续到2003年底方才完成。此后几年中我一直用该手册与行情发展进行比对，并对手册中的观念、方法进行了合理修正，使其能够更有效地指导期货操作，更有效地获取市场利润。

2007年，我担任大冶有色集团供销公司期货策划科科长。在协助相关领导进行套期保值方案设计以及行情研判过程中，我时刻以该手册为指引，取得了较理想的成绩。2007年我们在期货市场里获得了9700万平仓盈利。

2008年，我担任了大冶有色集团供销公司副总经理，负责大冶有色的期货工作。工作再繁忙，任务再艰巨，我都不忘翻看该手册，并以此指导期货操作。至2008年底，我们在期货市场里获得了全年平仓盈利22400万的好成绩。事实证明，我们用来作为指引的操盘手册简单实用并且有效。

由于近期岗位调整后我的工作压力有所减轻，同时也由于市场出现了一些新的变化，因此我重新修订了该手册，有针对性地归纳为一些交易守则。由于自己才疏学浅，守则中不足和谬误之处在所难免，万望大家批评指正。需要特别指出的是，该守则的很多观点是笔者多年的经验所得，并不符合传统的交易理论，但是用在市场中又非常有效，因此我把它罗列起来，供大家根据自己的情况参考使用。另外，虽然该守则是为期货操盘设计，但也可以作为证券股票股指期货投资的重要参考，因为市场法则是相通的。

最后，我要特别感谢大冶有色集团张麟董事长。因为他的信任和支持，我才有机会在大冶有色负责操盘，也才使我的操作观有机会接受大资金运作的考验。

肖敏顺

2009年6月于黄石

# 目 录

## 第四章　分析前的准备

## 第五章　如何参透市场玄机



## 第六章　操作前该做的工作



## 第七章　如何把握入市时机

## 第八章 持有仓位时期我们该如何思考



## 第九章 如何把握出市时机



## 第十章 平仓离场后该做的事情

## 第十一章 套利技巧及风险控制



## 第十二章 企业在期货市场中如何正确保值



## 后 记

# 第一章
# 一场改变交易理念的战役

1996年，在一场精心策划的期货交易中，我的预期收益率是1150%。然而在交易结束之后，我的实际收益率仅为168%。未达成操作目标的主要原因是全球期货市场的一次重大突发事件影响了我的操作。就预期收益率而言，我是这次重大事件中的不幸者。然而随着这次重大事件的许多内幕逐渐被公之于众，我认识到自己在对许多事情完全不知晓的情况下还能够取得168%的收益，这实在可以说是幸运之至。

这次未达成操作目标的战役给我带来的一个重大收益是它彻底改变了我的交易理念。它使我的交易理念由追求暴利转变为在控制风险的基础上寻求合理利润，由追求资金翻番转变为追求稳定持续的利润，由追求高风险高收益转变为追求低风险高收益。最关键的一点是，这次事件使我由一个炒单人转变成了一个真正的交易场上的猎手。

## 一、黄歧镇上的交易员

从1996年开始，我独自在广东省南海市黄歧镇做了将近两年的期货交易。这两年的期货交易经历使我的交易思想、交易理念得到了全面升华。

可能有很多人奇怪为什么要到黄歧镇去做期货。实际上，虽然今天期货市场上的很多人都没有听说过“黄歧镇”这个名字，但是在中国期货市场的发展历史上，黄歧镇曾一度扮演过一个很重要的角色。

上世纪90年代广东的铝锭用量雄居全国之首，而广东的用铝厂家又集中在南海市，因此南海市铝锭的现货价格及消费情况对全国的铝锭价格具有非常重要的指导意义。在这种情况下，“南方有色金属交易市场”应运而生，其坐落地点就是黄歧镇。

“南方有色金属交易市场”通过远程交易方式参与深圳有色金属交易所的期货交易，其主要交易品种是铜和铝。我们大冶有色金属公司由于同时具有深圳有色金属交易所兼营会员和南方有色金属交易市场的会员资格，所以能够在南方有色金属交易市场内进行期货自营和代理业务。我就是在这种市场环境下被单位领导派到南方有色金属市场开展自营和代理业务的，也因此有了在黄歧做期货的经历。

1996年的我，已经从事了好几年的期货工作。从1991年在深圳有色金属交易所接受期货启蒙，到后来被借调到中国有色金属总公司铜镍局，再到后来在上海金属交易所开始期货实际操作，一路走来，到黄歧的时候已经是我从事期货工作的第五个年头了。在这五年时间里，我对期货的热爱可以说是达到了“痴迷”的程度。我买来了很多期货书籍，有基本面的，有技术面的，有期货人物传记的，等等。在刻苦攻读这些书籍后，我自认为对期货市场已经有了很深刻的认识。与此同时，我们公司那几年的期货交易情况也基本令人满意，我个人对期货市场的态度也由最初的如履薄冰转变为满怀必胜的信心。这在当时其实是一个危险的转变。

在我当时五年的期货生涯中有许多可圈可点的事情发生。印象最深刻的当属1993年。当时我是在上海代表公司进行交易。我每天把交易信息、交易建议、交易结果用电话汇报给主管的处长，主管处长再对第二天的交易作出相关指示，然后我会在第二天根据主管处长的指示择机操作。这一年我们在期货交易市场里有如神助：我们买进后几天之内价格就会出现上涨，我们多头平仓并转手做空后几天之内价格就会出现下跌。虽然我们的交易量很小，但是到年终的时候仍然取得了100多万平仓盈利。

当时我们主管期货的处长是一位非常开明的领导。年底我从上海回单位的时候，他把获得利润的荣誉让给了我，并推荐我为公司劳动模范。我心里明白，这并不是我个人应该得到的荣誉，因为虽然我提出了很多操作建议，但是最关键的决定是领导作出的，由期货平仓盈亏引起的心理压力也是领导承担的。多少年后我回想起这段历史，深切地体会到，我们作为一个交易团队能够取得那样梦幻般的成绩，领导对团队成员的绝对信任与全力支持是我们成功的重要保障。这一点对我多年后当好单位里期货团队的负责人仍然具有重要指导意义。

1994年和1995年，我们又在市场中打了几个大仗，盈亏相抵后，我们的账户还有几百万平仓盈利。到1996年初，市场环境出现了许多变化：原先单位里看不到实时行情，后来可以通过卫星及电脑看到实时交易情况；原先隶属于销售科的几个人的期货交易队伍，后来也扩大成了一个期货科。在这种情况下，我们单位领导安排我到南方交易市场担任交易员。

到黄歧去独当一面，对我是一个考验。我其实不知道，由于那之前几年的知识积累，也由于那之前几年对行情把握得比较好，特别是铜价在32000的时候在上海金源期货进行了成功抛空，已经使我的内心过于自信，甚至可以说是过于自大了。我作为一个交易员，当时在单位中其实很少独立承担责任。而当时的自高自大，已经使我不能正视自己的缺点，就当时我的心理状况而言，其实已经潜伏着许多危机。如果我不能及时察觉自己的这种不良心理，我将很可能遭受重大挫折。

## 二、转变操作理念的战役

1996年到黄歧去以后，我独立指挥了一场战役性的操作。这场战役性的操作检验了我的心理承受能力，也最终引起了我交易理念的重大升华。

### 1.寻找交易代理客户

大冶有色金属公司是一个大型国有企业。作为一个大型国有企业，不可能让每一个接触期货的员工都有下单权。如果说1996年之前我还有一定下单权限的话，那也是事先必须把交易思路、交易方向、交易数量等向领导请示，经得领导同意后进行交易，事后必须立即汇报的下单权。到1996年，由于公司已经配备了相应的行情系统，单位领导可以坐在电脑前指挥交易，这样交易员就基本丧失了自主下单权限。一个交易员没有下单权，他的交易思想、交易理念、交易方法就都无法得到实践的验证，交易员个人的交易水平也无法得到提高。因此我不得不寻找可以按自己交易思维进行期货操作的账户。

单位领导派我到黄歧去工作为我寻找交易账户的努力提供了便利。由于大冶有色金属公司是具有期货兼营资格的单位，我只要找到客户就可以指挥其进行交易。然而在广东找客户并不是那么容易的事情。

## 2.寻找客户的艰辛

在黄歧寻找客户有三道难关，首先就是语言关。

1996年刚到黄歧的时候，我根本就听不懂任何广东话。记得星期天到菜市场去买菜的时候，我们根本无法向商贩询价，急得菜场里的小贩用棍子在地上写字，好不容易才做成一笔生意。语言的障碍使我们开发到本地客户的希望基本为零。所以我把开发客户的思路转变为依靠亲友进行宣传，同时争取尽量抓几波行情，争取利用客户的盈利作为开发手段，并以此打开局面。

其次的难关就是大众对期货的不了解和误解。到1996年，国内期货市场运行已经有几年的时间了。从做粮食的郑州粮食批发市场，到做金属的深圳有色金属交易所和交易量居首的上海金属交易所，许多期货市场都红红火火。但是就社会大众的普遍认识而言，期货的普及程度还远远不够。许多人要么对期货市场一无所知，要么就认为期货市场是一个大赌场：在这个赌场里可以一夜暴富，也可以倾家荡产。真正利用期货市场进行套期保值的企业少之又少，这对我们开发客户也是一大障碍。

开发客户还有一个难关就是客户看行情的问题。当时一些大的公司，比如说大冶有色金属公司，已经通过电脑接收卫星数据，这样在单位里就可以看到实时行情。但是这套行情系统的费用相当高昂，小点的单位和个人根本用不起。如果客户看不到实时行情，那么他们参与期货市场的热情就会大打折扣。

面对当时的重重困难，我为自己定下的方针是一方面继续寻找客户，另一方面认真分析市场，通过发现市场机会打开工作局面。

### 3.对市场的判断

在黄歧把心静下来以后，我认真分析了当时铜市场的行情走势。通过长时间的分析和思考，我发现有很多迹象显示铜价将会出现下跌，铜市场存在重要的交易机会，或者说是绝佳战机。

（1）价格图形显示铜价已经转势并将继续下跌

铜价自1993年达到谷底后一直振荡盘升，至1995年6月达到32000元/吨的高位，之后图形上显示了明显的双头形态。根据技术分析理论，双头形态是比较可信的转势形态，因此可以认为铜价的上升趋势已经在1995年终结，现在已经转入下跌趋势，而且这个下跌趋势还将延续。

另外我们注意到，在铜价上升时期的1994年11月至1995年5月期间铜价曾经形成过一个振荡区间，该区间的中位值大概是28000左右。从理论上讲，当铜价回落到28000区间的时候，该区间应该提供比较强有力的支持。但是当时的事实是，铜价继1995年以双头形态回落后，1995年12月进入的振荡区间的中位值大概是26000左右，低于28000的中位值。这意味着铜价的下跌趋势还将持续下去，价格还有下跌空间。

当时的行情情况如图1–1。

图1–1

（2）对1996年铜市场的供需前景分析显示供需平衡出现重要拐点

1993年以来持续高涨的铜价，刺激了全球铜资源的勘探、开采、冶炼。到1995年，南美的秘鲁、智利都发现了许多重要的铜矿资源，同时市场也预期全球的铜供需平衡将由供不应求转变为供大于求。这种重大转变将为期货交易提供重大交易机会。

根据当时我收集到的资料，1994年和1995年间有下列重要铜资源被发现，见表1–1。

表1–1

| 矿山 | 国家 | 铜资源储量（万吨） |
|---|---|---|
| RioBlanco | 秘鲁 | 346 |
| Coroccohuayco | 秘鲁 | 217 |
| Yanacocha | 秘鲁 | 192 |
| Vizachitas | 智利 | 169.8 |
| LasCruces | 西班牙 | 105 |
| CadiaEast | 澳大利亚 | 123.3 |
| MantosDeLaLuna | 智利 | 55 |

新发现的资源储量总体来说还是比较可观的。

由于铜资源供给的持续增加，国际国内的分析机构都预计1996年全球铜市场的供求状况将出现拐点。英国BLOOMSBURY公司的一份报告称，1995年世界精炼铜产量为1155万吨，消费量为1169.5万吨，产量比消费量少14.5万吨。然而预计1996年世界精炼铜产量将达到1236万吨，消费量为1212万吨，世界精炼铜产量将超过消费量24万吨。——市场供需状况出现了重大转折。

另外我收集到的西方国家供需平衡表也印证了BLOOMSBURY的观点，见表1–2。

表1–2 1996年西方国家供需平衡预计表　　（万吨）

| | 1994年 | 1995年 | 1996年（预计） |
|---|---|---|---|
| 铜精矿产量 | 757.8 | 818.3 | 881.6 |
| 精铜产量 | 896.8 | 936.6 | 1005.6 |
| 进出口量 | 53.8 | 56.8 | 49 |
| 铜供应量 | 950.6 | 993.4 | 1054.6 |
| 铜消费量 | 994.8 | 1010.7 | 1044.8 |
| 供需平衡 | –44.2 | –17.4 | +9.8 |

供需平衡分析一直是商品期货交易最重要的依据之一。在持续几年的供不应求后出现拐点，一定会给交易商提供交易机会。

另外还有一个非常重要的信息引起了我的高度警觉：据“中国物质信息中心”1996年4月份发布的消息，我国1996年头两个月铜、铝、锡供过于求的数量分别为0.18万吨、0.95万吨和0.03万吨。要知道，我们国家是一个贫铜国，1996年前后的供需缺口大概是30万吨左右。现在头两个月就已经出现了铜的少量过剩，这应该理解为国际市场的过剩已经传导到国内市场。从全球物流体系来看，市场的过剩是否可以理解为已经传导到了消费终端呢？如果是这样，铜价的下跌其实已经是迫在眉睫了。

记得1983年我在大冶有色金属公司参加了一个抗洪小分队。当时我们公司为了解决半边户的生活问题办了一个农场。由于山洪暴发，农场水库的大坝出现了险情。我们小分队走在水库大堤上的时候，水库的水位已经和大堤平齐。在连续奋战几天后，领导安排我们小分队回去休息一下再来。记得我们是晚上8点撤离水库的，到了晚上12点，整个大坝出现了决堤，汹涌的洪水一泻而下。这次国内铜市场出现的少量过剩，会不会就像水库里出现了“管涌”一样，是一个大坝将出现决堤的重要信号呢？铜价也会一泻千里吗？我感到了“决堤”的压力。我必须尽快制订操作计划，尽快找到客户资金。

## 4. 战役计划及战役过程

对市场有了判断后，交易计划其实比较容易安排。根据行情判断，25000不会成为下跌趋势的终点，而20000作为重要的整数位关口及心理关口会被汹涌而下的铜价短时间触及。同时由于价格接近目标位20000以后，下跌动能会逐渐减小，空头风险会随着价格下跌而逐渐增大，因此20000以下价位的操作意义不大。据此我把操作区间定位于26000至20000之间。根据这个思路，我当时制订了如下的交易计划。

## 【交易安排】 1996年4月

一、基本判断

铜价将延续自1995年以来的下跌趋势。目前26000的铜价将无法长期维持。可以利用铜价在26000区间振荡过程中的价格上沿建立空头。本次铜价下跌目标应该可以触及20000价位，并在此形成支撑。

二、操作步骤

按深圳有色金属交易所交易规则，保证金为交易总额的5%，当交易客户的保证金为交易保证金的70%时应该要求客户追加保证金。

按20万元资金，铜价每2000元一个区间进行一次平仓加码，初步设立交易计划如表1—3：

表1—3

| 铜价 | 交易 | 动用保证金量 | 追加保证金铜价（按70%计算） | 资金总额 | 平仓盈利 |
|---|---|---|---|---|---|
| 1）26000 | 建立150吨空头 | 195000 | 26423 | 20万 | |
| 2）24000 | 空头平仓并择机建立400吨空头 | 480000 | 24410 | 50万 | 30万 |
| 3）22000 | 空头平仓并择机建立600吨空头 | 660000 | | 130万 | 80万 |

| 3–1） | 退出部分资金 | 900000 | 22730 | 退出40万资金，资金总额计划为90万。由于铜价接近目标位，振荡必然加大，同时空头风险也将加大，所以退出40万资金以确保胜利果实。 | |
|---|---|---|---|---|---|
| 4）20000 | 空头平仓，结束战役 | | | 250万 | 120万 |
| 预期回报率为230/20=1150% | | | | | |

在安排好交易计划后，下一步的关键就是客户资金。

经过多方努力，我们一位广西的朋友终于答应出资20万元参与期货交易。由于是非常好的朋友，并且由于他原来从没有参与过期货，也没有地方可以看到行情，所以他基本上是按照我的交易思路进行操作。考虑到客户开发的极端不容易，我对这笔客户资金非常珍惜，因为它是我打开工作局面的希望。

1996年5月6日，盼望已久的20万元资金终于到账了。于是我立即建议按交易计划操作，入市建立尽可能多的空头头寸。

由于深圳有色金属交易所已于1998年8月撤销，其交易数据目前已经无法获取。为便于说明当时的交易情况，我们选取上海金属交易所的图形和数据进行近似说明。

5月7日，我们按计划建立了150吨空头，价格大概是26100。

5月8日，铜价并没有如我所料出现下跌，盘面波动最高达到了26380元/吨。该价位离我们交易计划中追加保证金价位26430只有一步之遥。这给我带来了极大的心理压力。

在随后的一段时间里，铜价基本没有太大变化。一直到5月20日，铜价才出现向下突破，最终收盘价25400。这样我的代理账户出现盈利，我的心理压力也出现缓解，并且准备按计划到24000加仓。

5月27日，由于前期的心理压力已经完全缓解，同时再次审视交易计划后发现可以进行适当修改。于是在5月27日平仓后加抛空头50吨，这样空头持仓总量达到200吨，价位大概是25300左右。

至6月5日，铜价已经回落至24170，接近交易计划中的24000价位。考虑到铜价连续下跌之后有可能出现反弹，我们决定空头全部平仓，然后待铜价反弹之时按计划建立400吨空头，进行大家常说的“抛反弹”操作。

表1–4是行情及操作情况说明。

表1–4

| 日期 | 价格行情 | | | | 操作情况 |
|---|---|---|---|---|---|
| | 开盘价 | 最高价 | 最低价 | 收盘价 | |
| 5.06 | 26060 | 26180 | 26040 | 26170 | 资金到账 |
| 5.07 | 26120 | 26120 | 26090 | 26110 | 入市建立150吨空头，价位26100 |
| 5.08 | 26310 | 26380 | 26220 | 26220 | 出现心理压力及恐惧动摇情绪 |
| 5.09 | 26280 | 26310 | 26120 | 26130 | |
| 5.10 | 26100 | 26140 | 26000 | 26130 | |
| 5.13 | 26120 | 26120 | 26020 | 26050 | |
| 5.14 | 26150 | 26150 | 26120 | 26120 | |
| 5.17 | 26080 | 26100 | 26060 | 26080 | |
| 5.20 | 25500 | 25560 | 25400 | 25400 | |
| 5.21 | 25050 | 25290 | 25000 | 25210 | |
| 5.22 | 25200 | 25200 | 25050 | 25200 | |
| 5.23 | 25350 | 25440 | 25300 | 25420 | |
| 5.24 | 25430 | 25430 | 25310 | 25340 | |

| 5.27 | 25300 | 25330 | 25300 | 25330 | 平仓后加仓50吨，总持仓200吨空头 |
|---|---|---|---|---|---|
| 5.28 | 25340 | 25340 | 25280 | 25280 | |
| 5.29 | 25330 | 25330 | 25280 | 25280 | |
| 5.30 | 25380 | 25400 | 25310 | 25310 | |
| 5.31 | 25200 | 25200 | 24980 | 24990 | |
| 6.04 | 24530 | 24640 | 24520 | 24640 | |
| 6.05 | 24350 | 24410 | 24160 | 24170 | 空头全部平仓，准备反弹加抛400吨 |

操作情况示意图如图1–2：

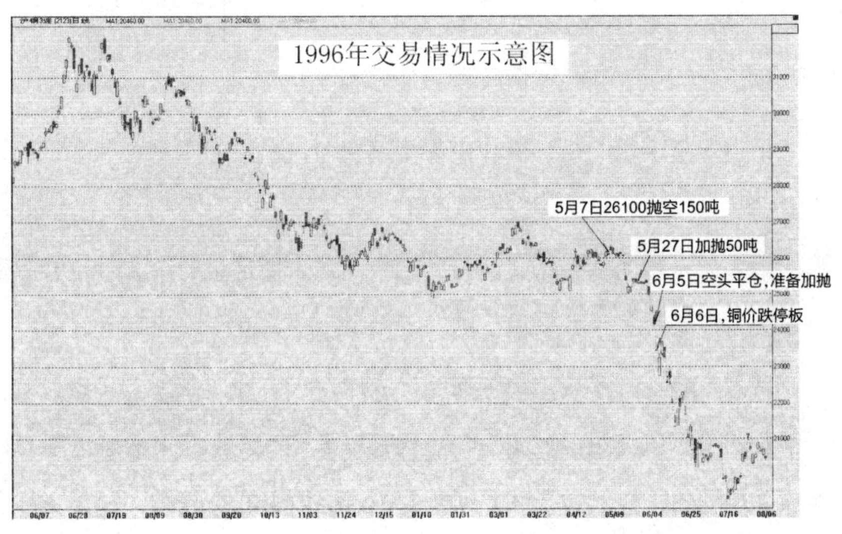


图1–2

由于是第一次清仓，我检点了一下交易盈亏情况，见表1–5。

表1–5

| 日期 | 铜价 | 交易情况 | 动用保证金 | 追加保证金铜价（按70%计算） | 资金总额 | 平仓盈利 |
|---|---|---|---|---|---|---|
| 1996年5月7日 | 26100 | 建立150吨空头 | 195750 | 26520 | 20万 | |
| 5月27日 | 25300 | 平仓后加仓50吨，共计200吨空头持仓。 | 253000 | 26010 | 32万 | 12万 |
| 6月5日 | 24170 | 空头全部平仓 | | | 54.6万(实际扣除手续费后为53.6万) | 22.6万 |

记得非常清楚的是，除掉交易手续费后，最终的净平仓利润是33.6万元。

第二天，1996年6月6日，对我们中国人来说这是一个有着吉利数字的日子，但是对我个人来说，这一天却是一个充满阴霾的日子。

这天早晨，我像往常那样向交易大厅走去，迎面碰到了安泰科公司的一位朋友。这位朋友在安泰科负责信息工作，晚上经常看路透信息，对国际市场的行情了如指掌。他听我说过要做铜的空头。

“恭喜恭喜啊。”朋友很热情地说。

“何喜之有啊？”我有点摸不着头脑。

“昨晚日本住友的滨中泰男操纵市场的行为被揭露出来，路透显示伦敦铜价出现暴跌，国内今天要跌停板了。你要是做了空头，那就要赚大钱了。”朋友很耐心地向我解释。

我不知道自己是怎么走到交易大厅的。当天国内铜价封停在23440这个跌停板价位。虽然我们非常急切地希望知道更多的有关住友事件的详细情况，但是由于时差的原因，有关滨中泰男事件的消息少之又少。

由于突发的住友事件，我的交易计划被完全打乱。考虑到我们对国际金属市场上这一突发事件完全缺乏了解，整个市场环境因此变得扑朔迷离起来，我决定终止执行交易计划。

## 5. 我们听说的住友事件

随着时间的流逝，我们对住友事件的轮廓渐渐有了一个大致的了解。当然，直到今天，我依然对住友事件抱着一种存疑的态度，因为真正的情况只有当事人最清楚。

下面这些从公开报道得到的消息我无法进行核实，但是这些信息在当时实实在在地改变了我的交易思想。

日本住友商社是世界500强企业之一。据说1995年底其销售收入就达到了1468亿美元。其手下首席金属交易员滨中泰男从20世纪70年代末参与LME的期货交易，多年来斩获颇丰。其最漂亮经典的战役是在1987年初铜价处于1300美元左右时，住友建立了大量的期铜多头头寸。如果情况属实，那么我们只要看看图1–3就可以知道其操作手法之高明。

据说到1995年，滨中泰男仍然在做多头，并通过长期控制LME可交割仓单的方式拉抬现货升水。我记得在1995年11月份的时候，LME的现货升水扩大到了200美元以上。高额的现货升水将使远期抛空者处于极为不利的市场地位，而只要现货升水持续高企，迁仓过程本身就会给多头带来可观的收益。

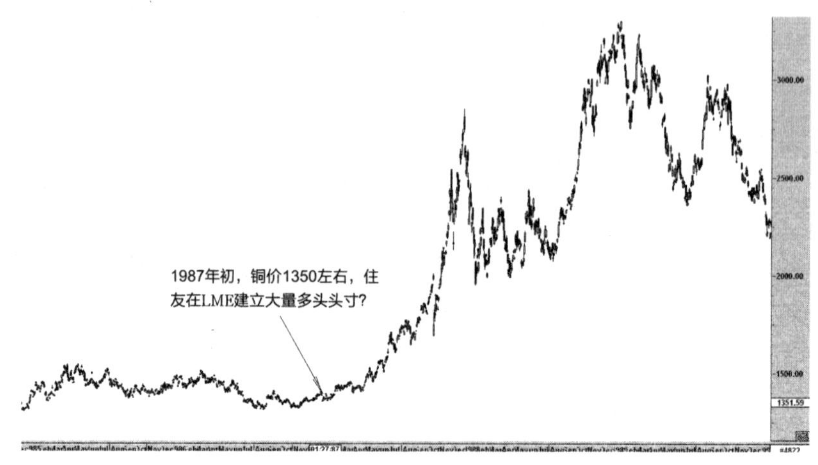


图1–3

对于住友事件，今天普遍的说法是滨中泰男操纵市场的行为扭曲了铜价，使LME铜价未能正确反映市场的供需关系。在1995年10月国际上有人要求对住友操控市场的行为进行调查。英国金融服务管理局（FinancialServicesAuthority,FSA）和美国商品期货交易委员会对此都给予了高度关注。最终滨中泰男操纵市场的行为在1996年6月5日被曝光，随后伦敦铜价暴跌，6月6日深圳有色金属交易所的铜价也随之出现跌停板。

住友事件的另外一个版本说得更详细些。根据这个版本，20世纪90年代前期中国以及南美的一些企业在国际期货市场里被欧美“西方列强”消灭后，国际大型基金一时间没有合适的对手。在这种情况下，住友商社的滨中泰男被投资基金锁定。

这场金融大鳄之间的殊死搏杀惊天动地：一方面，滨中泰男在市场里建立的是多头头寸。根据市场里“资金是无限的，资源是有限的”

这一法则，滨中泰男本身具有天然的优势，另外再加上住友的雄厚资金作后盾，要打垮滨中泰男并非易事。另一方面，滨中泰男的对手也非同小可。据说他的对手中包括罗宾逊老虎基金、加拿大金属贸易商HerbertBlack、美国基金DeanWitter以及欧洲一些大型金属贸易商，其中还包括后来赫赫有名的索罗斯量子基金，虽然量子基金的发言人后来在纽约极力否认量子基金参与其中。这些基金针对住友的多头大量抛空，硬是把铜价从3000美元/吨砸到了1995年5月的2720美元/吨左右。根据相关信息，在持续到1996年的时间里，对冲基金们先后动用了100万吨的实盘用于交割。但是这并没有使滨中泰男屈服。在经过反复较量之后，空头基金其实已经筋疲力竭。据说一位有名的基金经理竟为此病倒在床。然而就在这僵持不下的时候，美国商品期货交易委员会和伦敦金属交易所宣布准备对住友采取限制措施，这给了滨中泰男最后的致命一击，铜价在此后出现暴跌。战役最终以住友的全面失败而告终，住友商社的损失据说高达40亿美元。

## 6.1996年对交易环境的思考

1996年发生的住友事件，对我当时的交易思想产生了震撼性的影响。之所以称之为震撼性的影响，不仅在于国际金融大鳄之间搏杀的激烈程度，更在于我们置身于期货市场而对发生于身边的事情竟然一无所知。这是怎样的一个风险！虽然我们在这次战役中取得了168%的收益，但是我们是不是应该考虑这个收益到底是凭自己的能力获得的还是凭运气获得的呢？我们是不是应该考虑在这样一个大鳄出没的市场里，我们到底应该如何生存或者说依靠什么生存呢？我们是不是应该重新认识我们的交易环境，重新对前几年的所谓成功的经验和成功的交易理念作一个彻底的反思呢？

## 三、交易理念的升华

硝烟散去之后，金融大鳄们的搏杀声也渐渐远离我们而去。住友事件的事实真相到底是什么，只有当事人心里最清楚。而多年以后一些国际大型机构对住友商社的高额补偿，更为整个事件披上了一层神秘的面纱。然而对我们来说，这一切都已经不再重要，重要的是通过这一事件，我们要明白我们所处的交易环境，明白我们交易思维中的缺陷，明白我们交易心理中的不足，更要明白我们面对这些缺陷和不足该采取的应对措施。还有最重要的一条，就是我们上面提到过的，要探索在这种大鳄出没的市场里的生存发展之道。这样我们的交易理念才会得到升华，也惟其如此，才能保证我们在后面的战役中保持理性思维，取得预期收益。

### 1. 要做猎人而不要做猎物

在一个大鳄出没、猛兽横行的交易场里，做一个猎人也许是唯一的生存之道。

猎人的思维方式不同于常人的思维方式。从一个普通人向猎人的转变，不仅仅在于其个人能力的显著提高，更在于其心态的转变；从一个普通交易者向顶尖交易员的转变，不仅仅是其交易能力的提高，最重要的也是交易者心态的改变。

首先，一个好的猎人一定是把控制风险放在第一位的人。可以这样说，猎人注重风险，猎物注重利润。风险失控，猎人就会变成猎物。

我们可以看到，小兔子也好，小山羊也好，甚至包括捕食它们的老虎豹子也好，它们注意的都是眼前的可能利益，是眼前的青草和捕食对象。它们从来不会主动去判断周边整体环境的安全。它们只是在危险发生后本能地被动应付，从来不会有权衡风险和利益的意识，所以不管它们的个体能力是强还是弱，不管它们是兔子还是老虎，最终它们都是猎物。这就叫猎物注重利润。

猎人是不同的。好的猎人首先关注的是自身的安全。他会根据脚印判断自己碰到的是食草动物还是食肉动物，会根据风向迎着上风口走，以避免身上的气味暴露自己的行踪，会尽量利用地形地物以确保自己的安全。他会考虑在安全有一定保障的情况下狩猎。而风险失控的猎人，最终可能成为一些猛兽的猎物，从而不能称其为真正的猎人。这就叫做猎人注重风险。

一个好的交易员一定是一个把风险控制放在第一位、把追逐利润放在第二位的交易员。风险控制永远比追逐利润重要。

其次，好的猎手从来不会为自己设定狩猎目标。我们没有听说过哪个猎手说今天一定要打多少多少只兔子，打多少多少只老虎，否则就不回家。因为能不能打着老虎，能不能打着兔子，首先要看你今天能不能碰到老虎或者兔子。如果今天一天都碰不到老虎或者兔子，你又怎么能够打到老虎兔子呢？一个好的交易员也不会为自己设定盈利目标，因为能有多少盈利，首先取决于市场是否存在相应的行情与机会。正确的态度是能打着老虎就打老虎，能打着兔子就打兔子。什么也打不到也没有关系，平安回家比什么都重要。不为自己设定狩猎目标，就不会让自己冒不必要的风险。

最后，由于我们不为自己设立狩猎目标，我们自然也就不会去追求暴利。每天打死几只老虎是不现实的，追求一夜暴富只会使自己陷入急功近利的窠臼。走稳定盈利的道路、在合适的时候获取合适的利润才是我们的选择。

### 2.对周边事物存疑

好的猎人除了多观察、多思考之外还有一个特点，就是他会用疑问式而不是肯定式或者否定式思考问题，他会对周边的事物以及他自己的判断存疑。在森林里狩猎，好的猎人不会自认为自己完全看明白了周围的一切情况，不会抱着一成不变的想法思考问题。他会注意所有新的情况并进行思考、判断，他也会明白随时都可能有新的情况发生。

一个好的交易员也是一样的。我们本身对事物的认知就存在局限性和时限性。比如我们精心策划的这场志在必得的战役，我们就对国际市场上金融大鳄的殊死搏杀一无所知。那么在许多因素不甚明了的情况下，我们该如何正确使用基本分析和技术分析呢？基本分析在这种情况下是否有效自不必说，因为我们对最重要的人为操纵都无法纳入考量，而技术分析也未必完全可靠。因为从住友事件来看，1995年末伦敦金属交易所的库存约30万吨，以铜价3000美元/吨计算，只要9亿美元就可以把伦敦金属交易所的库存全部拖走，而住友是绝对有这个实力的公司，其他拥有这个实力的公司也不在少数。那么在很多公司都有能力左右市场价格的情况下，以价格为基础的技术分析能够值得我们完全信赖吗？如果基本分析和技术分析都不可靠，那么我们依据什么在市场里交易呢？

其实基本分析和技术分析并不是完全不可靠，而是我们在使用基本分析和技术分析的时候要对其存疑，要明白它的局限性和时限性。比如1995年11月的时候铜价的现货升水高达200美元/吨。按基本分析的一般思路，这么高的现货升水说明市场里现货供应紧张，进而可以推断市场里供不应求，价格将会出现上升。但是如果我们仔细观察就会发现，整个市场表现上升乏力，国内的铜精矿供应也非常充裕，国际国内的产量都在逐渐加大。在这种情况下，伦敦金属交易所的200美元现货升水就值得我们怀疑了。所以基本分析和技术分析不是不能用，关键是看如何用。

一个好的交易员是一个对周边事物存疑的交易员，是一个不会囿于偏执的交易员。

## 3. 低风险才有高利润

长期以来，许多人有一个错误的观念，认为期货市场是一个高风险高利润的市场，这实在是一个极大的误解。

在期货市场里，当价格向某一方向的运行力量完全丧失的时候，价格在该方向的风险就是最小，而反方向的可能利润就是最大，反之亦然。也就是说低风险才会有高收益。但是到底是低风险高收益，还是高风险低收益，关键还是要看你如何把握。

以铜价在极端低位为例。当铜价跌到极端低位，比如20000元/吨的时候，你建立多头的最大风险是20000元/吨，而铜价上涨到70000元/吨，你的可能利润是50000元，这就是低风险高利润。而铜价到40000元/吨的时候，你的多头风险就会加大，可能利润就会减少，风险利润比就会发生显著变化。

实际上，在期货市场里你承担的可能风险越小，你的可能利润就越大，反之亦然。

### 4. 对盈利机制的思考

住友事件的双方在价格上进行了几个回合的较量，价格也几经起伏。不言而喻的是，真正推动价格涨跌的是市场中买卖力量的对比。值得我们注意的是，这些决定买卖力量的指令单是交易商基于他们对市场的不完整认识做出的，因此一定会存在不合理的地方，这些不合理的地方就是我们获得盈利的机制。

不仅是交易商对市场的认识不完整，就是我们自己对市场的认识也是不完整的。这一点也从另外一个角度说明了在交易市场里存疑的必要性。

### 5. 经验并非盈利的必要条件，骄傲是风险失控的首要原因

1996年的住友事件促使我们对之前几年的交易经历进行了反思。通过反思我们明白：经验并不是获得期货盈利的必要条件，而骄傲则一定会使交易商承受不必要的风险。

我们所有期货交易年份中做得最成功的一年当数1993年。这一年我

们买进建立多头之后铜价就会上涨，卖出建立空头之后铜价就会下跌。在这一年里，我们所有的交易单没有一个亏损，全部以盈利平仓。整个一年的操作过程用“有如神助”来形容一点都不过分。

但是值得注意的是，在1993年之前我们并没有任何实际操作经验。我们最多只是看了几本期货方面的书籍，然后在中国有色金属总公司走马观花地看了一下别人的操作。1993年的操作结果告诉我们：要获取期货平仓盈利，操作经验并非必不可少的选项。

既然操作经验并不是获得期货平仓盈利的必要条件，那么在交易场里的骄傲心理就失去了其存在的理由。一个人之所以骄傲，往往是因为他拥有成功的经历。现在我们知道我们的经历对成功并不是必不可少的，那么我们真的就没有值得骄傲的理由了。

成功的经历会增强交易员的信心，会促使交易员产生骄傲心理，从而导致风险失控。以此观点来看我们在1996年做的目标盈利1150%的交易计划，其核心缺陷就是没有为正常的价格波动留出应对空间，其风险控制过分依赖交易员对入市点的把握能力。我们在26000入市建立空头，追加保证金价格为26430，谁能保证铜价就不会波动到27000再回落下来呢？从这一点来看，我当初到黄歧镇的时候，那种骄傲心理、那种自信该是多么危险。

一个人的骄傲，一定来源于他的成功经历。我经常在想，如果滨中泰男没有在1987年铜价1350美元的时候为住友赢得超额利润，他是不是还会在1995、1996年与国际对冲基金进行一场如此规模的恶战呢？与天下英雄为敌该要怎样的信心与豪情呢？

骄傲是风险失控的首要原因。我们当时在黄歧镇的过度自信，主要来源于1995年铜价在32000元/吨的时候在上海金源期货的成功抛顶。

在住友事件发生后，我对自己的交易心理进行了认真剖析。我告诉自己，在今后的交易中永远要远离骄傲，永远要保持自知和自制。这是我们后来获得持续稳定盈利的重要保障。

### 6. 交易战略靠宏观谋划，交易时机靠盘感确定

滨中泰男的“做势”最终失败了，其失败的原因主要在于其做势方向与市场的基本面方向相反。但这并不等于说“做势”就一定失败。如果我们把“做势”的方向调整为与基本的方向相一致，我们就会得到完全不同的操作结果。1996年滨中泰男做多的一个重要理由就是“中国需求”，如果他能耐心地再等几年，待到供过于求的基本面出现转变，其结局就会完全不同。所以我们认为，制定交易战略一定要依靠宏观谋划才行。

1993年我们的所有交易单全部盈利，我们靠的不是交易经验，那么我们靠的是什么呢？住友事件后我对我们1993年的交易情况也进行了分析。我们1993年的交易情况是一会做多头，一会做空头，虽然都获得了盈利，但是从整体操作战略上来看就像一个没头苍蝇一样在市场里乱窜。盈利的原因主要是依靠较好的盘感及灵活的交易手法。所以当时的盈利主要是战术层面的成功。我想如果我们能够把战略层面的谋划与战术层面的成功相结合，那么我们就会承受比较低的风险而获得相对稳定的利润。这一条是我们在住友事件后对自己进行反思得到的最重要结论之一。也就是说：交易战略靠宏观谋划，交易时机靠盘感确定。

## 7.建立针对自己的交易守则

回顾我们1996年4月建立的交易计划，我们会发现计划存在许多问题。这些问题中表现得比较突出的有三条：

（1）资金管理混乱

在交易计划中，我们是通过把握入市点位和时机来控制价格向反方向运动的风险。从交易时机的把握上来说，抹杀反方向的运动空间是基本的要求，但是如果我们把控制价格正常波动风险的希望寄托在对入市时机的把握上，那我们的资金管理其实就名存实亡了，我们的交易也就成了赌徒式的操作。也就是说，我们不可过分相信自己把握入市时机的能力。所以加强资金管理、控制正常价格波动风险是我们今后操作中必须特别重视的一个环节。

（2）缺乏正确的加仓方法

建立头寸后价格的涨跌会对应账户资金的盈亏。为了控制亏损扩大的风险我们需要及时斩仓出局，为了扩大利润、做足行情我们需要乘胜追击追加新的仓位。但是对一个交易员来说，如何正确地加仓，如何控制新加仓位的风险以及加仓后总体仓位的风险，并没有现成的答案。因此我们要探索科学合理的加仓方法。

（3）缺乏对自己交易心理的反思

期货市场里高手和平庸者的最重要差别是交易心理的差异。在住友事件以前我们也曾注意到这个问题，但是由于可以获得的交易心理控制方面的资料极其有限，我们在心理控制方面一直存在缺陷，这也直接导致了我们在住友事件之前的盲目自信。为了充分解决这一问题，我们应该在每一个交易环节都有一个交易心理的反思过程。

其实每个交易员都有自己的长处和短处。这和人的性格、经历有关。为了在期货市场里能够时刻保持理性，每个交易员都应该根据自己的情况建立适合自己的交易守则。在交易的不同阶段，他只要看到交易守则的对应章节就可以预防自己可能犯的错误，就知道自己该如何理性操作。那么这样的交易守则就是他从事期货交易的最忠实伙伴。所以建议每个交易员都要建立适合自己的交易守则。

# 第二章
# 期货盈利的机制

建立交易守则的第一要务就是必须弄清楚期货盈利的机制。

成功必有方法，失败定有原因。汽车传动系统将发动机动力传递到汽车的驱动轮，再配合控制系统，车辆就可以进退自如。汽车拥有完善的运行机制是其成功运行的保证。国际市场上的对冲基金能够在期货市场取得成功，说明在这个市场里也一定存在获得盈利的机制。

## 一、期货市场盈利的机制是什么

在期货市场盈利的机制就是交易商有效利用市场大众对客观现实的认知不完整。

为了弄清楚期货市场盈利的机制，我们应该树立一个基本概念，就是无论是别人还是我们自己，世界上没有人能对客观现实取得完整的正确认识。也就是说，我们获得的正确认识，只是部分正确地反映了客观现实，而对市场的不同认识造就了价格波动以及市场机会。由于我们对客观现实只能取得部分正确的认识，有时候甚至是错误的认识，而又由于我们努力使我们的认识与客观现实相一致，这样就造就了我们的认识趋向于事物本质但无法完全等同于事物本质，这中间存在一定差距。又由于事物本身处于发展变化过程中，这种差距几乎无法弥合为零。在事物发展的不同阶段，人们的认识与事物实质的差距有时很大，有时又很小。在一些特殊情况下，我们的认识虽然与事物的差距很大，但是仍然可能左右价格偏离事物本身，导致价格发展与客观现实的距离不断加大。这种差距的加大过程一直要到临界点才会发生向客观现实的修正。当然，这种修正的结果往往是矫枉过正，人们的认识往往又会向另外一个极端偏离客观现实。

可以这么说：价格运动过程是围绕着事物的基本面进行的，但是也有可能远远偏离基本面。由于我们的操作是着眼于价格的操作，所以，尽量了解事物的基本面，了解市场大众对客观空间的认识，以及市场大众的认识如何回归客观现实，对我们的操作具有决定性的意义。但是当前价格如何发展，还是取决于价格决定因素。

## 二、价格决定因素

决定价格运动的因素是市场大众对市场的判断，虽然这个判断是基于认知不完全的判断。

就市场而言，每一个买入行为都会促使价格微幅上涨，每一个卖出行为都会促使价格微幅下跌。当市场大众的买入行为超过卖出行为，累积的微幅上涨超过微幅下跌，价格自然就会向上运行，反之亦然。由于市场大众的行为是基于市场大众对市场的判断，所以我们说“决定价格运动的因素是市场大众对市场的判断”。

这里我们使用了“市场大众”一词。我们对市场大众的定义是：对市场有判断并且执行了买卖指令的人。对市场有判断但是没有进行买卖的人不归入“市场大众”中。

为了更好地说明“决定价格运动的因素是市场大众对市场的判断”这一观点，我们来看看17世纪发生在荷兰的一次令世人震惊的“郁金香投机狂潮”。这次投机风潮的演绎过程对“价格的决定因素是市场大众的判断”一说进行了最好的诠释，同时这次投机风潮也给我们的期货操作提供了最好的参照。

17世纪初，郁金香逐渐在荷兰流传开来。由于它的高雅脱俗，更由于它的绚丽多彩，美得让人不敢接近的郁金香逐渐在荷兰甚至欧洲成为人们地位的标志，价格也不断攀升，并由此引发了人类史上最经典的投机狂潮。

最初，鉴于价格稳步上涨，一些识得先机的人开始囤积郁金香球茎。随着价格继续上涨，人们买进就可以赚钱，投机队伍越来越壮大。从高贵的王公贵族，到普通的市民百姓，甚至连仆人和洗衣老妪都开始买卖郁金香。就人的本性而言，追逐利益的本能并不因地位的高低贵贱而改变。

当时，为了配合价格上涨，一些花商编造了一个美丽浪漫的传说：说古时候有三位勇士同时爱上了一位美丽的少女。为了表达爱意，他们一个送了顶皇冠给少女，一个送了把宝剑，第三个送了一个金块。美丽的少女不知道该如何取舍，便向花神祷告。花神认为爱情不是皇冠，也不是宝剑，更不是金块，于是就把皇冠变成了郁金香的鲜花，宝剑变成了郁金香的绿叶，金块变成了郁金香的球茎。——美丽的花朵辅以浪漫的传说，辅以超额的利润，谁还能够在这投机浪潮里保持一份冷静？

由于价格不断上涨，前期买进的人获得了丰厚的利润，一夜暴富的神话更是比比皆是。赚钱的示范效应开始显现，更多的人开始买进郁金香，郁金香的价格也上涨得更快，而上涨的郁金香价格又使更多的人获得了高额利润。于是价格的上涨得到了自我强化，最终郁金香的价格涨到了令人难以置信的高位。多年以后，一个叫索罗斯的人提出了投资市场的反射理论，提出了价格的自我强化，不知道是不是也受了荷兰郁金香的启发。

后来，价格的自我强化达到了令人震惊的地步：一种起名“Switscr”的郁金香球茎在一个月内涨幅达到了485%！一种叫做“永远的奥古斯都”的郁金香在1623年时售价为1000荷兰盾，到1636年时已经涨到了5500荷兰盾。按当时荷兰人的年均收入150荷兰盾计算，一个普通的荷兰人需要不吃不喝工作将近45年才能拥有这么一个郁金香球茎！

不断强化的价格上涨最终会走进一个拐点，从而引起整个价格趋势的逆转。这种价格逆转可能以耗费较长时间的多次探顶失败的形式展开，也可能以短时间内急风暴雨式的下跌形式展开。在荷兰郁金香投机狂潮中，这种逆转就是以非常迅猛的下跌形式展开的。价格逆转过程实际是必然的，但是引起价格下跌的事件可能表现得非常偶然，甚至是与价格没有太大关联，就像荷兰的郁金香投机泡沫是被一个外国水手不小心捅破了一样。

1637年初，在郁金香投机最狂热的时候，一个外国水手坐船来到了荷兰。由于他并不知道荷兰的郁金香热，所以离船时顺手拿了一个“永远的奥古斯都”郁金香球茎作为吃饭时的佐料，他以为郁金香球茎也就是一个洋葱的价格。等到船主发现时，水手已经把“永远的奥古斯都”连同熏鲱鱼一起吃到肚子里了。——这朵郁金香球茎是船老板花了3000金币买来的！

到底是应该按洋葱的价格进行赔偿，还是按3000金币的价格进行赔偿，水手和船主争执不下。事情闹到法庭上，法官也难以决断。而法庭对郁金香价值的重新评估，却引起了部分人的深思。为慎重起见，一些人开始低价出售郁金香球茎，随后效仿的人越来越多。到1637年2月4日，恐慌性抛售终于开始。郁金香球茎价格犹如高台跳水，一泻千里。一星期之后，普通的郁金香球茎已经一文不值，价格甚至低于一只洋葱的报价！

荷兰郁金香终于完成了一个完整的、经典的投机循环。同时它也对我们所说的“价格的决定因素是市场大众的判断”做了最好的诠释：当市场大众认为“永远的奥古斯都”值3000金币时，它就能以3000金币的价格成交；当市场大众认为它就只值一个洋葱头的价格的时候，它可能还卖不到一个洋葱的价格。

华尔街有句名言：投机像山岳一般古老，太阳底下没有新鲜事情。从前发生的，将来必定还会发生。今天，荷兰美丽的郁金香已经在世界各地开放，依然那么美丽、那么迷人。只是投机事业也流行到了世界，其形式和对象已经有了许多变异。然而，不管郁金香出现了多少变种，它的基本属性不会改变，不管投机出现了多少形式，它的本质也不会改变。只要我们把握价格决定因素，就可以有效地利用价格决定因素获取价格波动收益。

## 三、如何有效利用价格决定因素

郁金香事件已经过去300多年了。现在回想起来，很多人会觉得当时的人太荒唐，太不理智。实际上，就像上面华尔街名言所说的那样：从前发生的，将来必定还会发生。在我们所遇到的价格循环中，我们几乎时时都可以看到郁金香的影子。今天人的思维习性，和300多年前的荷兰人没有太大的分别。我们之所以没有察觉，是因为“不识庐山真面目，只缘身在此山中”。所以，对照郁金香事件，我们就可以知道该如何利用价格决定因素。

### 1. 发现趋势

最开始囤积郁金香球茎的人是最聪明的人。这部分人承担了最小的风险，可能获得最大的利润。

要承担最小的风险，就必须在趋势形成过程中尽早发现趋势并跟进趋势。这需要客观、冷静地分析各种市场要素，对可能的价格发展提出种种猜想，并应用排除法得到最可能的价格发展方式。试想，如果你在价格上涨之前以一个洋葱头的价格买到了郁金香，那么你将拥有怎样的获利机会！

发现趋势有两个方法，一个是“凯恩斯的选美理论”，一个是听故事。

（1）**凯恩斯的选美理论**

如果下注一个选美比赛，猜中最美的冠军者可以获大奖，那么应该如何下注呢？

凯恩斯认为，不能够猜自己认为最漂亮的美女能够拿冠军，而应该猜大家认为最漂亮的美女能够拿冠军，不论这个美女是否真的美丽。也就是说，投资行为应该建立在对大众行为的判断上，而不是建立在个人主观愿望上。

具体到期货市场上，就是我们可以将影响价格走势的各种因素进行综合归类，并由此推测人们对这些因素的反应，从而得出可能的大众行为，也就得出了可能的价格走势.

（2）**听故事**

发现趋势是相对专业的事情，即使应用凯恩斯的选美理论也是如此。这时我们有一个比较好的捷径可走，就是听故事。

还记得郁金香事件开始发生的时候，花商们编了一个美丽浪漫的故事吗？在许多价格循环开始的时候，我们现在依然可以听到这样那样的故事。当然，故事的形式可能已经有了很大变化，但是其实质内涵是一样的。这是因为价格循环刚开始的时候，价格趋势还不为大众所了解，要发动一个趋势，需要大家的参与，因此就需要向大众“讲故事”了。一般来说，由于了解趋势的人少，相对应的入市资金也少，这时的价格往往还不太高，此时顺势进入市场还有较大利润。

你是否经常参加行情研讨会？你是否经常听投资大师的分析报告？你是否经常看市场分析文章？所有这些都可以看作是在听故事。当然，故事听多了，就需要你有仔细甄别的能力。这样，你就有可能以比“洋葱头”稍微贵点的价格买到“郁金香”。有道是：早知三日，富贵十年。

还有一个听故事的好办法，就是与智者为伍，与成功者为伍，与他们保持密切接触，你也可能掌握到刚开始形成的趋势。

## 2. 跟随趋势，做足趋势

发现趋势后必须跟随趋势，做足趋势才能实现利润最大化，这里有几个注意点。

其一，如果我们是通过客观冷静分析各种市场要素得到的趋势，那么我们应该明白，趋势在最初是不被大多数人所认识的。因此最初的趋势启动是比较缓慢的，这时候最需要的是耐心。如果这时候你以“洋葱头”的价格买到了郁金香球茎，那么最重要的就是要有耐心，要耐心保管好你的“洋葱头”。

其二，如果我们是通过“听故事”方式了解到的趋势，那我们就必须估算一下趋势的发展空间，并且要仔细分析“故事”。另外，由于这时候的价格往往已经有所上升，我们应该对可能的价格回撤做好心理准备。

其三，要获得最大利润还必须做足趋势。这需要我们对价格发展有比较全面的判断。只要支持价格上涨的因素没有改变，或者说这些因素没有被消化，那么我们就应该紧紧抓住我们的“洋葱头”不松手。设想一下，如果我们在价格刚开始上涨时就把郁金香球茎卖掉了，虽然我们买进的价格很低，但是我们也难以获得高额利润。更加危险的是，随着价格上涨，我们的懊悔可能促使我们以更高的价格买回郁金香球茎，从而承受较高的价格风险。

### 3. 注意拐点，把握脱离趋势的时机

趋势不可能永远持续下去。到1637年2月4日，郁金香的涨势最终完结了。但是在此之前，没有任何一个人能够准确预测到这一天就是涨势终结的日子。因此要记住的是：永远不要试图“持有郁金香到1637年2月4日卖出”，也就是说永远不要追求卖出后价格立即下跌，买入后价格立即上涨。

实际操作中，很多人明白不应该追求最高价卖出，最低价买进。但是碰到具体问题时心理往往被情绪左右。往往是卖出平仓后看到价格上涨心里就非常难受，看到价格下跌心情就非常舒畅。从理智的角度来说，获利平仓后的价格涨跌跟我们的利益已经没有太大关系。我们很在意平仓后的价格涨跌，实际是潜意识里试图证明自己的平仓是在最正确的时间里做了最正确的选择。但是我们应该明了的是：如果一堵墙要垮了，我们应该追求的是在第一时间离开，而不是追求离开后墙立即就垮掉。同时我们来期货市场不是为了证明自己的正确，而是来追求利润的。

试图在最高价位卖出的人，最不能忍受的是卖出后价格继续上涨。这是过分贪婪的思想，而过分贪婪的思想是注定要在期货市场中遭受失败的命运的。因此，摒弃不良情绪是非常重要的。

当我们感觉到风险来袭的时候，或者风险和收益不成比例的时候，我们应该果断脱离趋势。从这个意义来说，1637年以前离开郁金香市场都是正确的。虽然离开后价格继续上涨，但是事实将证明我们决策的正

确性。

### 4. 跟随新的趋势

价格是以趋势方式运行的，一个趋势的结束，往往是另一个新趋势的开始。所以，好的交易商要在接近拐点时脱离趋势，更要在新的趋势开始时跟进趋势。

要跟进新的趋势，需要发现新趋势。在方法上还是可以采用我们前面讲的两种方法。值得注意的是，要注意顶部趋势转换与底部趋势转换的不同：一般而言，顶部趋势转换具有时间短、变化快的特点，因此操作上需要注意打提前量；而底部转换时间一般相对较长，因此可以用更多的时间从容验证转势的确定性。这也就是人们常说的“三日顶，百日底”。

趋势的转换可以参考图2-1的伦敦三月铜运行轨迹图。

图2-1

### 5. 把握矫枉过正的机会

价格运动容易出现矫枉过正的现象。

一个趋势结束后，经过或短或长的时间，价格会以新的趋势运行。新的趋势可以被认为是对原有趋势的修正，但是这种修正往往过头而走向极端，从而给我们带来最好的投资机会。

在期货市场里，矫枉过正主要表现为对市场极度悲观所引起的价格过度下跌。脱离实际市场状况的恐慌性抛售，有时甚至是低于成本价格的抛售，是造成矫枉过正的主要原因。

矫枉过正的投资机会在于商品价格不会长期偏离其价值，最终一定会出现价值回归。

在荷兰郁金香投机风潮过程中，郁金香的价格低于洋葱的价格就是典型的矫枉过正的结果。由于郁金香的经济价值和观赏价值都远远高于洋葱头，所以最终郁金香的价格一定会恢复到洋葱头的价格之上，这时的郁金香具有很好的投资价值。

2008年9月，全球金融危机爆发，国内铜价出现恐慌性下跌，远期铜价一度跌至22000元以下。尽管国内电铜成本差异较大，但是22000元的价格已经低于国内主要优质矿山的成本价，因此铜价不可能长期维持在该价格以下。这又是一个典型的矫枉过正的例子。

极度悲观引起商品价格的极度下跌，极度下跌形成了极好的买入机会。由于此时的交易机会具有风险较小、利润较大的特点，因此应该考虑大手笔买入的可行性，这样才能最好地把握矫枉过正的机会。

## 四、其他导致价格变化的因素

决定价格运动的因素是市场大众对市场的判断，而下面的两个因素也将对价格变化产生影响。

### 1.由于汇率及通货膨胀预期引起的商品价格重新定位

汇率的重大变动，不论其是一次性的或者是趋势性的，都将引起商品价格的重新定位。这里最有代表性的事例就是美元汇率下跌引起用美元标价的电铜价格上涨。在不考虑其他因素的情况下，美元指数和电铜价格的负相关其实是一个商品价格的重新定位过程。

商品价格随着通货膨胀预期上升的过程，其实也是商品价格的重新定位。

1972年到1974年，美国的通货膨胀率由3.27%急速上升至11.03%，电铜价格也由1030美元急速上升至3100美元左右；而到1977年，美国通货膨胀率由6.5%上升到1980年的13.58%时，电铜价格也由1200美元上升至3200美元。在这两次价格上涨之后，随着通胀率的回落，电铜价格也出现了相应回落。图2-2和图2-3为美国通货膨胀率对铜价的影响结果（以美元计价）。

图2–2

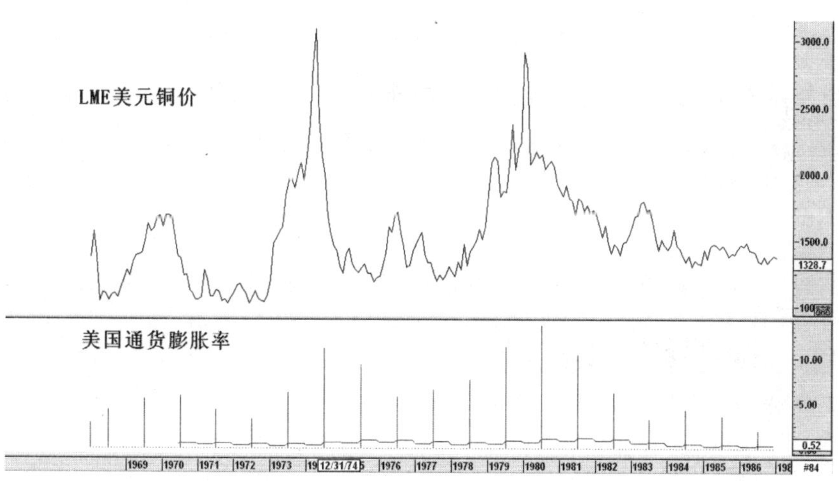


图2–3

从图中可以看到，铜价的最高峰值提前于通货膨胀率的峰值，这主要是因为铜的期货价格受通货膨胀预期而提前反应的结果。

### 2.实货供给与需求的动态平衡运动方向影响价格运动

在排除其他因素的情况下，商品供大于求，价格将出现下跌；商品供不应求，价格将出现上涨。这是基本的经济规律。供求平衡对价格的影响有点类似于化学平衡反应。它具有以下特点：

（1）化学平衡反应是一个动态平衡，即化学反应并没有停止，只是正逆反应速率相等；供需平衡也是一个动态平衡，只是供应的增减速率和需求的增减速率相等。

（2）对化学平衡而言，运动是绝对的，“静止”是相对的、暂时的。当化学平衡条件改变时，原先的平衡被打破，化学平衡会在新的条件下建立新的平衡。

供需平衡运动也是绝对的，一定条件下可能达到暂时的“静止”。当外界条件出现变化时，比如经济高速增长，需求加大，供需平衡就会被打破，市场将在新的价格水平下达到平衡。

## 五、规则和自律

上面我们探讨了期货市场的盈利机制，也探讨了如何有效利用价格决定因素。但是仅仅了解这些还不足以在期货市场中立于不败之地。要想在期货市场取得成功，我们还必须严格遵循许多投资规则，加强自律。在这些规则中，最重要的就是：永远对投资市场抱有敬畏之心。让我们记住一句西方谚语：靠宝剑活着的人，最终会被宝剑刺死。因此我们后面特别明确了我们的操作思维应该定位于：做期货而不炒期货。这一点应该作为我们期货操盘的底线。

# 第三章
# 健康交易的心理建设和身体建设

心理素养的差异与身体状况的差异是成功交易者和失败交易者的重要差异。正确的交易心理是成功交易的基础，必须格外重视。而健康的身体也是交易成功的必要条件之一。我们下面提及的前10个要点是贯穿交易始终的必备心理素养，第11点是保持身体健康的重要技巧。其他一些在交易过程中需要特别注意的事项，我们将在讲述具体问题之前予以特别提示。

## 一、热爱投资市场，树立正确的目标

要从事期货交易，必须热爱投资市场。

热爱投资市场有两层含义，一是指对金钱的热爱，二是指热衷于研究价格波动规律。

据说华尔街投行在招聘新人时有这样一条要求，即新人必须有对金钱的渴望。确实的，如果没有对金钱的渴望，那么在投资市场里是难有作为的。当你渴望得到金钱的时候，市场中的损失会让你痛彻心扉，这样你才会千百倍地用心于市场，也才有成功的可能。

有的人拿着别人的钱进行投资，这些钱可能是委托人的，也可能是国家或者企业的，还有可能是来自上次交易的利润。这些情况下操盘人对金钱的渴望程度都有降低的可能，因此就需要更加注意激发自己对金钱的渴望。一旦发现自己对金钱的渴望程度降低，应立即离开市场。

对金钱的热爱是必须的，但是在实际操作中有一个小技巧，就是要调整好热爱金钱与热爱研究的关系。从某种意义上说，热爱价格波动，将精力集中于对价格波动的研究以及对市场的领悟，并享受其中的乐趣，不对金钱患得患失，有利于我们保持平和的心态，也有利于我们的成功。而在我们领悟到价格运动的规律后，获得投资利润就是水到渠成的事情了。这里我们应该明白的是：投资获利是掌握了价格运动规律之后的副产品，而不是我们在投资市场的首要追求目标。如果我们将精力集中于投资获利，那么就会犯本末倒置的错误，反而会与利润渐行渐远。

研究价格运动的工作是非常枯燥的，它会耗去我们大量的时间和精力，因此只有热爱投资市场并愿意为此付出的人才会静下心来潜心研究，也才可能真正把握价格运动的规律，并进而获得利润。基本上可以这样说：不热爱投资市场、不愿意潜心做研究的人不适合涉足投资市场，因为如果你不苦心研究市场，就不可能了解价格运动的规律，也就不可能在市场中赚到钱。

是去赚钱还是去做研究，这是一个进入投资市场后需要进行目标转换的题目。不正确的目标必然导致不正确的结果。我们看到很多单纯以赚钱为目标进入投资市场的人最终却亏损累累。其实在他们进入投资市场的时候已经决定了他们最终亏损的命运。

## 二、勤奋工作，勤奋研究

期货市场里成功的原因在于能够察觉即将到来的重大长期性变化和商业周期变化。而要想提前察觉到这些变化，就必须用心揣摩市场，全身心投入到市场研究中去。一些人对市场存在误解，认为期货的成功是靠运气，做期货不需要刻苦的研究工作就可以赚大钱，或者稍稍做点研究就有可观的回报率。这可以说是一种懒汉思维。

期货的重要工作之一就是研究。除非你真正钻研进去了，否则研究就是枯燥无味的工作。但是在期货市场里，没有刻苦的研究，就不会有正确的认识，也就不会有成功。在研究过程中，用“劳其筋骨，苦其心志”来形容是不过分的。研究过程要求你全身心投入。古人有一句话叫“用志不分，乃凝于神”，更有人说，在期货市场里只有工作狂才能成功。也就是说要将全部精力聚焦于你所投资的市场才会有所突破。因为在期货操作里，胜败只在毫厘之间，观察市场细微的变化，倾听市场细微的声音，这些都需要我们聚精会神、全力以赴才能取得好的效果，所以，面对期货市场，我们要有高强度工作的心理准备，要将我们的勤奋和努力融入到每天的生活和工作中。每天比别人多努力一分，我们离成功就会更近一分。

## 三、保持无欲，避免过度焦虑

在投资市场里，最让我震撼的一句话是：“欲望可以驱使投资者从一个失败走向另一个失败。”

人的欲望会使人心理上受到压迫，而人在受压迫的状态下做交易就容易产生焦虑。在焦虑的情况下，我们通常无法静下心来仔细思考市场现象，也无法对市场作出正确的反应与决策。在受压迫的情况下，我们通常会选择使我们听了之后感到舒服的信息，而对其他重要信息置若罔闻，从而犯下大错。

焦虑不仅容易使人对市场反应迟钝，而且在现实生活中也容易使人气急败坏，丧失理智。

欲望促使投资失败的过程是：欲望—焦虑—认知及思维中断—错误举措—投资失败。

欲望导致投资失败的原因在于欲望可以促使投资者产生过度焦虑。迅速得到金钱的渴望会使人急躁、焦虑，而失去金钱引起巨大损失的可能又使人心生恐惧，从而使焦虑状态加深。过度焦虑导致人的认知缺失，思维中断，从而铸成大错。

这里的“巨大损失”是一个相对概念。对一个亿万富翁来说，损失10万元并不能构成“巨大损失”，因此10万元的可能损失不会使其产生恐惧心理。但是对一个工薪族来说，10万元的损失就可以称为巨大，是其不能承受之重，就会产生恐惧心理。从这一点来说，“用自己亏得起的钱来做期货”是极其科学的。

心理学和医学的相关资料显示，过度焦虑起源于对某种事物的极度渴求，同时失去该种事物对其将产生巨大损害。产生过度焦虑的人外在表现上主要是烦躁、压抑、坐卧不安，以及极度兴奋。内在表现上主要是不能集中精神，记忆力减弱及思维紊乱。

过度焦虑对交易行为的影响，目前在医学和心理学上还没有太多揭示。我们已知的是过度焦虑会对认知过程形成危害，这主要表现在以下三个方面：

### 1.过度焦虑会使人注意力分散甚至阻断注意过程

在交易场里，全神贯注于价格波动方向是有效把握市场脉搏的重要前提。然而过度焦虑的交易者无法将注意力集中在价格波动上，而是分散于其他与交易相关的杂事上，因此对价格波动产生的信号视若无睹。他们关心的是现在这个价格我的盈亏是多少，赚了钱我要如何如何，亏损了我将怎样怎样，等等，不一而足。在这个过程中交易者的注意力完全无法集中于市场运动所给出的信号，从而也就无法正确认知市场。

### 2.过度焦虑影响记忆

人在焦虑状态下无法记忆知识，也无法将已知的知识有效回忆起来。当交易员处于焦虑状态时，大脑记忆基本处于停滞状态，不记得当时入市的理由是什么，更不记得交易应该遵循的原则，严重的情况甚至不知道自己拥有多少头寸，其结果可想而知。

### 3.过度焦虑阻碍并破坏思维过程

在认知过程后，人的大脑需要对认知的信息进行比较、分析、判断，然后才能作出合适的反应。处于过度焦虑状态下的交易员其思维能力与其正常状态相隔甚远，无法作出正确的判断，从而也就无法对市场作出正确的反应。

过度焦虑不仅对人的认知和思维产生危害，而且还会危害交易者的身体健康，使人的神经系统、内分泌系统等受到影响，心跳加速，血压升高，夜不能寐，等等。因此在交易过程中消除过度焦虑是极其重要的。

那么如何消除过度焦虑呢？

要消除过度焦虑就应该从焦虑产生的原因着手。从其产生的原因来看，一是由于对某一事物的极度渴望（具体到期货市场就是对投资成功的渴望），二是没有足够的信心得到该事物，从而避免因为失去该事物而蒙受的巨大损害，也就是担心投资失败的后果。

由此在投资市场里要消除过度焦虑主要有三种途径：一是避免无法承受的投资损失，也就是要用自己亏得起的钱做交易。由于实际上在交易场中谁也不会对金钱的损失无动于衷，因此要把可能的投资损失限定在自己的可承受范围之内，这样有利于减缓焦虑心理。二是有足够的信心赢得交易，这一点取决于投资者对自己在交易前所做的基础工作的信心。三是要消除对某一事物的极度渴望，也就是说要在投资市场里保持无欲。这是交易场中唯一有效消除过度焦虑的手段。它不是期货交易成功的充分条件，但却是期货交易成功的必要条件。

如何做到无欲呢？要做到无欲，一是可以尝试目标转移法，二是可以体会一下老僧入定的境界。

很久以前，我曾经看到一篇文章介绍目标转移法，尝试以后很有作用。它的大意是在操盘过程中把注意的焦点转移到对市场的研究上来，把交易的目的转移到验证自己的研究结果上来，这样就不会在意自己的盈亏得失，就会保持内心的恬淡与宁静，从而置身期货之外观察期货市场的运动，并作出最正确的应对。我们在本章第一点中曾经谈到正确处理热爱金钱与热爱研究的关系，其中也有采用目标转移法的成分在里面。

老僧入定的境界，一定是在内心中达到了空明澄碧的松弛，也才是真正的无欲。这样状态下看到的事物，一定是事物的本质，而用这种心态观察市场，也一定能贴切地观察到市场的本质。

## 四、克服赶车心理，做狩猎人，不做赶车人

赶车的人都很匆忙，如果是赶末班车，那就更要抓紧时间。

做期货的人，往往也容易产生末班车心理：当自己判断行情要上涨，而盘面显示价格确实在上涨的时候，交易者往往急匆匆地买入，唯恐迟了就买不到了，就像赶车人担心迟了就赶不上车一样。然而行情的发展往往与交易者的判断有比较大的出入，在交易者买入之后价格并不一定按交易者的意愿继续上涨，这令许多投资者后悔不已。

赶末班车心理对冷静理性的交易并没有好处，因此应该设法杜绝这种不良心理。

只要理性地冷静想一想就会明白：期货市场里不存在末班车，在期货市场里永远存在机会。所以，如果没有把握这次的机会并不是很大的事情，天不会塌下来，调整一下心态，用心把握下一次机会就可以了。所谓留得青山在，不怕没柴烧，只要你还有资金，就不怕没有机会，只有当我们因为错误决策而将资金损失殆尽的时候，才是真正地丧失了所有的机会了。

在期货市场里，我们不要做赶车人，而要做狩猎人。

狩猎人就是在期货市场里屏息静气，耐心守候有价值的市场运动，然后在有把握的时候方才冷静地扣动扳机。如果这个猎物跑了，不要紧，耐心地寻找下一个猎物就是了。

期货市场里的机会很多，猎物也不少，关键是不要拥有赶车心理，从而变成了别人的猎物。

市场最疯狂的时候，也是最容易产生赶车心理的时候。因此我们要记住：在市场最疯狂时，一定要保持冷静，保持耐心。

## 五、知道自己无知的地方

回首近二十年的期货生涯，自己能够在这个市场里生存下来，并获取一定利润，其中有很多原因。但如果用一句话来概括，我觉得自己内心深处最重要的感慨是：成功在于知道自己的无知。就像期货市场中的某一位先哲所说的那样：在期货市场中，我唯一知道的就是自己的无知。

知道自己的无知，一是要正确认识自己。

正确认识自己，就是要清楚地知道自己是谁，清楚地知道自己在这个市场中想做到的和能做到的区别，清楚地知道自己不可能完全把握所有的市场因素，也就因此不可能完全把握市场走势。由此我们也就清楚地知道自己的判断存在许多不确定性，甚至存在许多误判。这种误判的比率可能只有20%，甚至可能是10%，但是这10%的误判在交易场中将带来百分之百的损害。也就是说，正确认识自己，就是知道自己对事物存在认知不完全的地方，自己存在许多无知的地方。

清楚地知道自己想做到的和自己能做到的区别，就是要使自己的努力目标与自己的客观实际相匹配。大家都看过《三国演义》，从诸葛亮与司马懿交手的情况来看，诸葛亮的智慧应在司马懿之上，但是最后的赢家却是司马懿。这是因为诸葛亮明知“汉室江山气数已尽”，却仍然三分天下，六出祁山，梦想凭一己之力恢复汉室社稷，没有弄清楚自己想做到的和自己能做到的区别。而反观司马懿，则能审时度势，明白交战之事“吾不如孔明”，在两国相争中采取守势，静待时机的到来，最终“三国尽归司马懿”，开创了一个新的朝代，其成就又岂是诸葛亮所能望其项背的。这就是典型的知道自己的理想与客观实际存在区别的例子。而在期货市场里，指挥自己的资金，不论几十万还是上亿，披荆斩棘，攻城略地，想起来都让人热血沸腾。但这只是我们的理想，如果不能正确认识自己，不能知道自己的无知，那么悲剧离我们就不会太远了。

正确认识自己，还要明白自己不比别人聪明。交易场中的每一个人都非等闲之辈。期货市场存在博弈性质：你所赚的每一分钱都是别人亏掉的。因此和棋类比赛一样，交易最忌讳假定自己比对手占有优势，从而疏于应对。自以为聪明的人往往很固执，一旦认定了某种东西就很难听进相反意见，甚至忽视很多常识性的东西，看问题就有很大的片面性。这类聪明人最终基本都会以失败而告终。

知道自己的无知，二是要警惕成功。

交易场上的成功，真的是让人心醉神迷的事情。但对许多人来说，一次成功往往可能是几次失败的前奏。究其原因，主要是因为交易成功所带来的得意忘形和轻率。因此在成功的时候，更要知道自己的无知，也就是要警惕成功带来的负面效应。

交易成功的人，容易产生自大和骄傲心理，有一种自己是市场之神，睥睨群雄的感觉，仿佛市场是为我而生，全然忘了当初的正确判断是经过怎样的慎重分析，也忘了交易场中应该遵循的纪律。在现实生活中，不论是在战场上还是在交易场上，骄傲的将军，即使他曾经取得过优异战绩也必定要打败仗。在期货市场里自我估计越高，最后失败也就越惨烈。赚钱的成功会让人情绪激昂，从而造成自我估计过高。赚得越多，自我感觉也就越好，也就越容易被骄傲情绪所左右而不能自觉。这个时候是我们最高兴也是最骄傲的时候，同时也是我们最松懈最容易失败的时候。在这个时候，提醒一下自己要警惕成功是非常必要的。我自己就是用下面两句话来提醒自己的：

1）在你最得意的时候，亏损就会悄然来临；

2）过去的已经永远过去，现在决定将来。

除了容易产生自大和骄傲心理，成功的另一个负作用就是成功者容易陷入偏执，很难承认自己的错误。由于承认了自己的错误就否定了自己的成功，这对成功者是非常痛苦非常难以接受的事情，因此他们宁可选择对自己的错误视而不见甚至是知错不改也不愿意承认错误，其结果是其期货交易账户陷入灾难性的后果。

索罗斯曾经说过：如果你自认为成功,那么你将会葬送使你成功的机会。一个人必须心甘情愿地承认自己所犯的错误，勇于接受痛苦。相反，如果你犯了错误不承认，知错不改，不愿接受痛苦，甚至不再感到犯错误的痛苦，那么，你就会再犯错误，从而葬送胜利的优势。

知道自己的无知，最重要的就是不要在期货市场里当专家。

一些虚荣心强的人，喜欢别人尊其为专家，受到别人的尊敬甚至吹捧。实际上当专家并没有什么好处，反倒是专家容易妄自尊大，而市场并不会因为你是专家就按你的意图发展。长期资本管理公司的管理层被誉为金融界的“梦幻组合”，他们都是专家。他们习惯于被尊敬和崇拜的眼光所包围，习惯于鲜花和掌声，最终交易失败给他们带来了濒临破产的损失，使他们走向了灾难，“专家”的光环也随之破灭。事实证明，专家往往更容易折戈沉戟，在市场里，我们要不做专家，做赢家。

我们到交易场来的目的是获取利润——虽然我们为了成功会在交易过程中有意识地调整交易目的。因此我们应该不当专家当赢家，时时刻刻保持低调再低调。就像索罗斯常说的那样：“如果你和市场打交道，你就应该默默无闻。”

在期货市场中没有专家，没有高手，也没有权威。只有静下心来，认真研判市场，付出了努力才能把握市场的脉搏。以为自己是专家，是高手，不认真研究市场，必然会遭受重大损失。

知道自己的无知，就是要永远对市场怀有敬畏之心，这样就离理性更近了一步，离成功也更近了一步。

## 六、保持沉默，赚钱的人不说话

在市场中需要保持沉默的原因，主要是交易场中存在“知者不言，言者不知”的现象。

“知者不言，言者不知”既是中国古老的道家智慧，也是华尔街交易场的交易格言。知者不言，是因为交易场的“知”是相对的“知”，我们还有很多不知的地方。因此交易场上的“知者”明白自己的“无知”，他们需要用市场发展的实际来验证他们的“知”，在不能确定其所知为正确之前他们所知道的是自己的“无知”，因此自然就没有什么可说，也就自然不言了。而那些在市场中到处吵吵嚷嚷的“言者”，其目的主要是求得大众对其交易观点的认同，其行为本身就是对自己的观点没有信心的表现。当然，这里所说的“知者”“言者”都是指交易人士，市场分析师不在此列。

既然“知者不言，言者不知”，那么在交易场中最好就既不要听别人说，也不要对别人说，要耐得住寂寞，所谓“开口神气散，舌动是非生”。

这里有一个怎样看市场分析文章的问题。笔者的做法是只看分析文章所列举的事实和数据，对其分析结果则敬而远之。

期货是孤独者的事业，但在人群中很难保持孤独，因此经常离群独处，保持孤独、保持沉默是非常重要的。

# 七、忘记过去，过去的事情不再想

很多人都知道，有句名言叫做“前事不忘，后事之师”。这句话放在社会生活的其他地方也许是对的，但是在交易场上，萦怀于过去的交易情况，不但丝毫无益于现在的交易，反而往往容易起到很大的负面作用。交易实践证明：萦怀于过去属于交易场上最容易犯的错误，也是最典型的消极情绪。

## 1. 期货交易中要忘记原先的市场判断

期货市场是一个动态的市场。市场行情在变化，市场心理在变化，市场的关注焦点也在变化，影响市场的政治经济政策和其他市场因素也经常在变化。有人说世事如棋局局新，放在期货市场上就是行情如棋局局新。由于市场因素发生了变化，那么原先对市场的判断就不一定正确，因此对市场的判断要不断更新。在这个过程中，忘记过去的判断，以一种未受过污染的心理对市场进行全面的重新权衡，是一种对自己负责任的态度。

市场千变万化，因此每次入市买卖都必须按最新的形势进行小心的分析衡量。如果前几天自己曾发表了对某个市场的走势判断，那么在今日的分析和操作中我们应该对以前的这些判断置之不理，就像从来不曾发生过一样。

忘记原先的市场判断，还需要忘记面子。一些交易员，可能昨天说了看涨，今天转变了观点，变成看跌了，于是就不好意思说出来，好像变得太快了面子挂不住。甚至昨天看涨做了多头，今天发现行情判断发生了失误，为了面子，就不好意思把多头平仓出来，而采取寄希望于价格回到自己的开仓价位以上再平仓出来的态度，这样虽然没有挣到钱，但是至少是没有亏钱，自己的面子还是保住了。殊不知，这样正犯了期货市场中所说的“不怕错，就怕拖”的大忌。在交易场上，金钱比面子更重要。特别是当一个交易员失去金钱之后，他的面子也就荡然无存了。其实在交易场中，不要面子就是最大的爱面子。因此在交易场上，我昨天说要做多或者做了多头，并不妨碍我今天做空头。而如果事实证明我们的入市决定是错误的，或者说只是根据不充分，我们都应该毫不犹豫地立即平仓离场，然后忘记上述判断与操作过程，专心研究市场，寻找下一个战机，而决不能为了面子意气用事。

有些人觉得昨天发表了一个市场评论，今天很难转过弯来，这也很正常。一个很好的解决办法就是像我们在上一段中所说的那样：坚持既不听别人说，也不对别人说。“知者不言，言者不知。”

### 2. 期货交易中要忘记过去的操作结果

交易场中已经发生的平仓盈亏都属于过去，而未来的平仓盈亏则取决于现在。既然过去我们已经无法改变，那么我们只有把握好现在。所以我们的每一次操作都应该着眼于当前的环境，努力做出最合适的决定。在操作过程中应该排除上次操作结果的影响。也就是说，既不因上次有盈利而得意忘形，也不因上次亏损而畏缩不前。作为一个重要的技术处理手段，忘却过去的操作是最佳方法。

（1）**忘记盈利**

前面我们曾经说过，要警惕成功，也就是这里所说的要警惕盈利。关于盈利，有两点必须注意。其一是由于盈利而促成的过于自信，由于盈利而造成的飘飘然感觉。这一点和警惕成功是共同的。其二是要将盈利看成成本来珍惜。许多人认为盈利反正是从市场上赚来的，大不了再还给市场，因此在操作中不像用自有资金操作那样谨慎，甚至当发生浮动亏损时，也不像亏了自有资金那样痛惜。常常听别人说，这钱是上次的平仓盈利，亏了就算了，反正我的本钱还在。实际上，要实现稳定盈利，就不应该随意处置平仓盈利，而应该将盈利视作成本要知道，赚来的钱它就是你的了，和你的初始保证金是一样的，你应该忘记这是平仓盈利。

（2）**忘记亏损**

和盈利一样，亏损也会产生消极心理影响，只不过其表现方式和盈利有很大不同。关于亏损，也有两点必须注意。其一是要注意避免因亏损而产生的患得患失的心理，同时要对自己有信心。这一点和出现平仓盈利的心态正好相反，也就是说我们要做到胜不骄，败不馁。同时要高度注意，不要把期货交易的目标聚焦到资金的盈亏上来，而要像我们在第三章第一节所说的那样，用技术手段把聚焦点处理为关注价格运动。其二是要注意发生亏损后不要急于赶本。我们应该记住：亏掉的钱已经永远不属于我们自己了，即使我们另外赚了钱，那也与亏损掉了钱没有关系。因为市场绝对不会因为我们多次亏损而对我们格外开恩、格外仁慈，并因此让我们赚点钱。市场只会按它固有的轨迹运动。如果我们急于赶本，我们就会心存焦虑，就会气急败坏，出现我们在本章第三节所说的过度交易心理。这样只会越陷越深，就像陷入沼泽中的人那样，越挣扎就越容易遭受灭顶之灾。

关于第二点，期货市场有一个很好的诠释，叫做“鳄鱼法则”。它的基本内容是这样的：假定一只鳄鱼咬住了你的脚，它会咬着你并等着你挣扎。如果你试图用手推开鳄鱼的嘴，那么它就会同时咬住你的脚和手。你投入越多，损失也就越大。所以万一鳄鱼咬住了你的脚，唯一生存的机会就是就是牺牲一只脚。也就是说，在期货市场上，亏损掉的这只“脚”只有舍弃才能生存，越是急于翻本，失败的几率也就越高。

忘记亏损的一个技巧，就是在心理上暗示自己：我从来没有拥有过这些钱。

总之，忘记盈利，忘记亏损，也就是在期货交易中要忘记过去的操作结果。

**（3）期货交易中不要后悔**

看对了的行情没有做，或者做了但是头寸量不够会后悔，建立了错误的头寸会后悔，没有在最佳点位平仓获利也会后悔。在期货市场里后悔的机会实在是太多了。但是仔细想想，我们后悔的事情都是过去的事情，而过去的事情是无法改变的。因此后悔是一种人人都会自然产生，但对交易却没有丝毫帮助的情绪。后悔在某种环境下会产生消极心理。既然对交易没有帮助，那么根据我们要“忘记过去”的规则，就绝对不要后悔。后悔是因为错误，但是后悔本身就是另外一个错误的开始。因此任何时候都应该保持空明澄碧、平和安详的心态。

**（4）忘记过去是可以做到的**

期货交易是人生过程的浓缩。它把人生的大喜大悲在短时间内集中展现给我们。成功的经典战役，失败的惨痛教训，留给人们的记忆是难以磨灭的。但是只要我们还在交易场中驻留，我们就应该设法忘记过去，而通过心理调节我们是可以达到忘记过去这一目标的。

从理性的角度来说，我们应该左右情绪，而不是被情绪所左右。如果我们不去有意识地左右情绪，那么消极的非理性的情绪就会占主流，我们的行为就可能因此而表现为消极和非理性。我们常常看到一些成功人士都有自己的座右铭，比如容易愤怒的人会挂一个“制怒”的牌匾在醒目的地方，目的就是通过主动的情绪调节，使自己避免为小事而大动肝火，从而导致在不冷静情况下做出错误的抉择。

意愿可以控制情绪，这主要取决于我们的选择。如果我们选择积极的建设性思维，我们头脑中的积极能量就会得到强化。反之，如果我们选择消极的破坏性思维，我们往往在消极情绪的左右下做出非理性的决定。在交易场中，我们就是要用积极的建设性思维调节自己的情绪，使自己处于理性状态。通过理性的调节，我们可以做到忘记过去。

具体来说，就是首先要明白：萦怀于过去是一种消极情绪。这种情绪阻碍了我们在交易场上走向成功。其次要设法通过断言的方式使这种消极能量减少至最低。我们可以做这样的断言：过去的成败、过去的操作、过去的观点都没有任何意义。最后就是要把自己的关注点调整到“在现在这种情况下将会发生什么事情”，从而使自己达到忘却过去的目标。

忘记过去的判断，忘记做过的操作，同时对过去发生的事情不后悔，这就是要彻底忘记过去。交易场上的成功人士说，成功与失败最重要的一点差别就在于，成功者不缅怀过去，失败者被自己的情绪所困扰。所以成功者不会因为过去而影响现在的操作决定，在每次战役前，都将情绪、思维、资金归零。一个有名的交易员曾经说过，他在每次交易前都告诫自己“我是个穷光蛋”，然后从零做起。这应该成为一个重要的交易原则之一。

## 八、只做有把握的题目，只赚有能力赚的利润

如果我们参加这样一场考试，考试规则是这样的：考生可以任意选取A、B两套试卷中的一套参加考试。其中A套试卷是小学算术计算题，B套是大学普通物理。考生成绩达到60分奖励10000元，以后每增加10分奖励1000元；如果成绩低于60分，每10分罚款1000元。这种情况下，如果我们以得分获奖为目的，应该选择哪套考试卷子呢？

答案是不言而喻的——选择最简单最有把握的试卷来做，因为虽然考卷的难易程度有很大差异，但是其最后的奖惩结果是一样的。

在现实生活中，上述情况实际不大出现，但是在期货市场中我们却经常面临上述选择——有的行情很明朗，风险小，投资机会很好。有的行情晦暗不明，或者风险利益比不合适。在对不同行情的投资选择上，我们必须坚持一个重要的原则，就是找简单的题目来做，也就是只赚自己有能力赚取的利润，放弃自己没有能力赚取的利润。

只赚自己有能力赚取的利润，一是不要因错失行情而影响心态。理论上讲，错失了行情是因为我们没有参透那波行情。就像钓鱼，一条大鱼溜走了，绝对没有必要捶胸顿足，自怨自艾，而要清醒地知道：我们不可能抓住所有的鱼！（记住：那条大鱼本来就是不属于我们的。）我

们也不可能抓住所有的市场机会，注意保持平静的心态，把握下一个机会就行了。

只赚自己有能力赚取的利润，二是要远离危险利润。实际操作中，有的行情走势极不确定，或者可能的利润空间与可能的风险空间比不合适，要去赚这种利润危险性比较大。在这种情况下，我们作为期货市场上的猎手，可以说是到了一个虎狼出没、危机四伏的地方。这时候我们应该考虑的不是应该打多少猎物回家，而是自身的安全，我们应该毫不犹豫地果断离场。

市场的波动可能是剧烈的，但是我们的情绪一定要平稳。把目标设定为“只赚取自己有能力赚取的利润”，一大好处就是心理压力比较小，在操作中不会产生过度焦虑，从而更容易保持平和的心态。

期货市场里要知所为知所不为，有所为有所不为。古语说，知进退者为圣贤，这句话真的值得我们好好品味。

## 九、做期货而不炒期货

不论是保值还是投机，做期货迥然不同于炒期货。这种不同主要表现在对交易胜算的把握以及交易频度上。从交易胜算来说，做期货一般要在七成以上的把握才入市交易，而炒期货者则不完全遵守上述比例。从交易频度来说，做期货，主要是做期货的趋势性变化，因此其交易频率相对较低，并且交易员不会计较于一城一地之得失；而炒期货则短视于价格变动，频繁交易，甚至是用赌博的态度进行交易。

常炒神仙亏。做期货会给我们带来收益，炒期货的结果则只会以亏损告终。

## 十、以局外人的视角审视自己的交易心理

在期货交易中保持健康的身体与心理非常重要。从交易心理来说，在市场中应该按理性而不是按情绪考虑问题，因为“情绪是交易成功的敌人”，因此必须隔绝情绪对交易心理的影响。但是在实际交易过程中，交易员很难摆脱情绪的波动，甚至有时候被情绪左右了思维都不能察觉。

解决上面这种情况的一个好办法就是经常以局外人的视角审视自己的交易心理，从中找出不良心理进行改正。交易实践证明：上述方法配合开市前的超觉静思一起进行，可以取得非常好的效果。

## 十一、成功的交易需要良好的身体

和许多智力型的体育比赛一样，期货交易除了要求参加者在智力

上处于最佳状态外，还要求他有良好的体力。比如围棋和耗费时间较长的国际象棋，如果选手的体力不好，棋力的发挥就会受到很大影响。同样，要取得交易成功，良好的身体是必不可少的条件之一。操盘手没有良好的身体，操盘能力自然大打折扣。有一句话是这样形容身体对操盘手的重要性的：一颗聪明的心不能长期在虚弱的身体下工作，没有健康，智力就会受到影响。

期货交易要求操盘手将其全部时间、全部精力投入到市场中去。交易时间段以外的身体锻炼，可以看作是交易的延伸，因此，需要操盘手对其交易时间段以外的行为具有自我约束能力。如果我们做不到这一点，那么比较好的选择是待在市场外面。因为对于一个竞技状态不佳的选手来说，期货绝对是一个“花费昂贵的场所”。

保持健康的身体，使自己的体力处于最佳状态的简单方法就是坚持跑步以及做健脑操。这个要求看起来简单，但是要长期坚持也并不容易。但我们要记住：要用平时的巨大努力，换取关键时候的成功。

将精力聚焦起来的能力，可以通过开盘前做超觉静思来获得。开盘前的超觉静思，有助于保持心智平衡。具体做法如下（该做法系参考相关杂志所得）：

**（1）结跏趺坐**

头颈自然放松，脸朝正前方；右脚心向上，搁在左腿上，然后左脚心向上，搁在右腿上；左右手四指合拢，两手交叠轻轻放在腿上，掌心向上，左手在上，右手在下，左右拇指相抵，也就是佛教徒修行时候的姿势。

**（2）腹式呼吸**

两眼自然地轻微闭合，以使做腹式呼吸时有安宁的情绪。

尽量缓慢鼓腹和深吸气，然后再缓慢吐气使腹部恢复正常。吐气时可以辅以简单的静数呼吸，即吐气时默不作声地数着“1、2、3、4……”，同时意念中要有即使在鼻孔前放根羽毛，也不会因为吐气和吸气而随风飘动的想法，并努力使呼吸次数从每分钟9—10次，逐渐降低到5—6次。

整个腹式呼吸过程可以持续两分钟左右，如果心情没有平静下来，也可以适当延长时间。

（3）**默念真言**

在腹式呼吸、心态平静之后，就可以开始默念真言。此时应该仍然保持腹式呼吸，只是不再数数字，动作可以更加轻缓。同时应该把放在大腿上的双手缓慢提起来，用同样姿势轻轻放在胸前，然后开始默念真言。真言就是自己选择的理想和信念，或者自己认为在交易中最应该注意的事项，比如“保持耐心”、“控制情绪”等等。

做超觉静思有一定难度，但是一定要有毅力坚持下去，这对聚焦精力至关重要。

另外，相关的健脑操也是很重要的方法。

前期身体准备中最后要注意的是，交易者还应该谢绝不必要的应酬，最好做到“四不一保持”，即不抽烟，不喝酒，不玩牌，不跳舞，保持良好的睡眠。

# 第四章
# 分析前的准备

要进行成功而有效的分析，除了要具备第三章所谈到的心理素质外，还要坚持市场分析的一些特定原则。

## 一、离群独处，独立思考

期货市场里的实践证明，开诸葛亮会、利用集体智慧参透市场实质的分析思路是行不通的。要想了解市场本质，离群独处、独立思考是最基本的要求。

为什么在其他领域行之有效的集体智慧在市场分析中却失效了呢？首先我们可以看到，在期货市场里，绝大多数人是亏钱的。也就是说，在这个市场里，大多数人都是错误的。行情研讨会这种方式，不过是在进行错误的累加，而错误的累加永远无法得到正确。

市场研讨会有一个很大的弊病，就是集体讨论的结果并不趋向于群体中智慧的最高值，而是趋向于群体中的最低值。有理论认为：当一群人群居在一起的时候，个人思维将会被群体意见所取代。这是因为人类繁衍生存过程中，群体的安全性总是大于个体。既然是集体决策，那么即使对市场的判断有误个人也无须承担太大的责任。在这个时候，需要有独立思考精神的领袖人物进行正确的决策。而在期货这个市场里作为一个指挥员，需要这种独立思考的品质才能胜任。

其次，我们可以看到，许多成功人士都有自己的一套思路与方法，但是这些思路与方法并不兼容。“某人的美味会是另一个人的毒药”，通过行情研讨会把它们揉合在一起，最后可能得到一个“四不像”来。

有一个大家熟知的寓言是这样的：鱼、虾和天鹅成了好朋友。一天它们发现路上有一辆车，车上放了很多好吃的东西，于是它们就竭力想把车拉回家。可是三个小动物费了九牛二虎之力，车子几乎还是在原来的地方动不了。原来是虾子一步一步向后拖，鱼一点一点往池塘拉，天鹅则费力地向天上提。大家谁都没有错，但结果却错了。反映在我们的市场分析上，就是每一个人的操作目标、出发点、方法都不相同，通过集体智慧这种方式进行操作，只会得到鱼、虾、和天鹅一起拉车的结果。

独立思考的另外一个注意要点，是要防止准评述效应：要正确对待并有效利用电视、报刊等媒体里的市场分析，防止这些市场评述左右自己的思维，要独立思考。

《淮南子·人间训》中有这么一句话：“今万人调钟不能比之律，诚得知者，一人而足矣。”意思是说，很多人一起来调试一个乐器，乐器的音律无法达到最佳效果。对于真正精通乐理的人来说，有一个人就足够了。具体到期货市场中来，就是说期货的高手是很少的，企业里拥有一个真正的高手就足够了。

诸葛亮式的人物是凤毛麟角的。三个臭皮匠，怎能凑成一个诸葛亮。

## 二、保持简单

决定价格运动的因素是市场大众对市场的判断，而且市场大众的判断是基于认知不完全的判断。所以，了解市场大众对市场作出什么判断，市场大众对影响市场的因素会如何作出反应，是我们进行市场分析的一个重要任务。

由于绝大多数市场参与者不会依赖过于复杂的工具进行交易，复杂的数学运算以及深奥的逻辑推理在交易场中都派不上用场，所以我们对交易者行为的判断推理也不宜过于复杂。保持简单在分析中更为有效。

## 三、只分析一个品种，只交易一个品种

要分析透彻一个品种，把握其运动方向，需要做很多工作。我们需要关注这个品种的各个侧面，需要对价格运行过程中所发出的各种纷纭复杂的信号进行解读，工作量是巨大的。然而一个人的时间和精力是有限的，在实际工作中只有把精力聚焦于某一点才容易产生突破。因此在操作中应该只分析一个品种，只交易一个品种。

另外，不同市场发出的信号会互相干扰，分析两个以上市场容易使人对这些信号发生错误的解读，而市场的突变更容易造成人的思维紊乱，使人顾此失彼，被动挨打，因此只分析一个品种是非常重要的。

记住：一个地方赚钱永远好过两个地方亏钱。

## 四、控制情绪，保持理性分析

人是有感情的动物。如何处理好感情与理性的关系对分析成功至关重要。平时我们所经历的事情，或多或少都会引起我们情绪的波动。读过范仲淹《岳阳楼记》的人都记得，在《岳阳楼记》里，同一楼阁、同一景观，只因晴天和雨天的不同，人们的感触就大相径庭。而期货市场价格的涨跌，在手头寸的盈亏，更易在我们的心中掀起波澜，导致非理性的思想、非理性的行动。这些非理性的思想和行动，既是期货交易的大忌，更是期货分析的大忌。所以我们在开始进行期货分析前，必须学会控制自己的情绪，进行理性分析。

不能控制自己情绪的交易员一定是一个失败的交易员，不能控制自己情绪的分析师也一定无法正确感知市场的客观现实。我们在投资时一定要将感情因素撇开，要认真观察市场的细微变化，对市场的各种发展可能进行揣摩，要仔细地倾听市场发出的声音，听懂市场告诉了我们什么，从而才可能尽量了解到市场的客观现实，也才可能真正达到分析的目的。

控制自己的情绪并不是一件很容易的事情。怎样才能有效地控制自己的情绪呢？一个小技巧就是脱离开自我，把自己作为观察标本，以一种局外人的立场来观察自己的情感，从而找出自己情感中的非理性成分。站在局外人的立场，我们可以观察到我们自己的内心是宁静淡泊的，还是被焦虑等不良情绪所左右的，也可以观察到我们能不能保持心态平和，能不能有效地感受客观现实，我们的思维是否仍保持理性。

在对自己的观察过程中我们要重点注意。我们是否存在这种现象，即在分析过程中努力找出理由来支持自己的观点。如果有这种现象存在，就说明我们的思维已经被情绪所左右，我们的分析结论可能存在较大的偏差。

要控制情绪，还要有意识地进行自我心理调整。调整的目的是排除情绪的干扰，使自己最大限度地客观看待问题，最小限度地扭曲信息。调整的方法是通过前面的方法找出影响自己情绪的不良信息源，并对其进行淡化或者转化。比如面对《岳阳楼记》里的场景，期货分析人士的处理方法就是淡化天气对心理的影响，这样就既不会有“心旷神怡，宠辱皆忘，把酒临风，其喜洋洋者矣”的得意之态，也不会有“去国怀乡，忧馋畏讥，满目萧然，感极而悲者矣”的沮丧心理，从而获得一个平和的心态。

在开始市场分析之前，一定要屏住呼吸，心无旁骛，仔细倾听市场的声音。

## 五、保持隔离——用置身事外的视角观察行情变迁

控制情绪的方法是淡化或者转化不良信息源。作为淡化不良信息源的一个重要举措就是对一些不良信息源保持隔离状态，从而使自己隔绝于和分析过程无关的人和事，使自己的注意力集中于影响市场的因素，从而最客观最全面地感知市场，得到最正确的分析结论。值得注意的是：我们对不良信息源的隔离程度越高，我们就越容易得到高质量的分析结果；反之，我们受不良信息源的影响越大，我们就离市场实质越远。

不良信息源包括市场中价格的涨跌、期货账户的盈亏、生活中令人高兴或者悲伤的事情，等等。

### 1. 隔绝人的影响

只要做期货，就会有人跟你讨论行情。如果你是一位要人，还经常会有人恭维你的分析能力与交易技巧，使你飘飘然而不能静下心来真正进行务实的分析。因此在期货分析中要隔绝人的影响。整个华尔街的真理就是“知者不言，言者不知”。因此不要听任何人的操作建议，也不要向任何人提操作建议；既不要打听别人的操作情况，也不要告诉别人

自己的操作情况。总而言之一句话，不要和任何人谈论交易的事情。

## 2. 隔绝头寸的影响

持仓之后，行情的涨跌必将引起在手头寸的盈亏变动，而在手头寸的盈亏变动必将引起交易员的情绪波动，从而影响交易员对市场分析判断的准确与客观。

市场里不言而喻的一个事实是：市场价格的发展趋向，与单一交易者持有头寸的价位、方向没有任何关系。因此在进行市场分析的时候，不应该理会一个能扰乱自己情绪的市场无关因素，应该隔绝对在手头寸的关注，更不要去计算在手头寸的盈亏。

## 3. 隔绝前期判断的影响

在进行市场分析之前，有必要使自己的思维与自己以前对市场的判断隔绝开来。也就是说要完全清除前期判断对当前所进行的分析工作的影响。之所以这样要求，一是因为人们对市场的认识存在局限性及滞后性，导致原先条件下所做的正确判断与当前现实有一定出入；二是因为原有判断本身就可能存在错误，不放弃原有判断，则思想就会受到束缚，无法纠正原有错误。

**（1）我们对事物的认识存在局限性**

从认识的角度来说，人们对事物的认识存在局限性。我们所知与客观现实的关系是大圆与小圆及点的关系，因此在某一时刻我们对客观的认识只是从某种程度上正确反映了客观实际，是一种相对正确。而由于这种某种程度上的相对正确，人们很容易误认为“我已经知道了我需要知道的一切”,从而不再去作更多的思考。这样一来，由于我们思想上没有要作更深刻探讨的意识，也就不可能更全面更深刻地了解客观现实了。相信自己正确的人是无法正视错误的，因此也就无法改正错误。

（2）**我们对事物的认识存在滞后性**

世界在不断变化，期货市场也在不断变化：行情在不断变化，影响市场的各种因素、各种信息也在不断变化。“运动是绝对的，静止是相对的”是对期货市场最贴切的描述。由于我们的内心世界不会自动地随着外部世界的变化而变化，一部分存储于我们内心的对外部世界的信息可能几年甚至一辈子都不会改变，而现实世界处在不断的运动过程中，变化是现实世界的基本属性,所以人们对事物的认识会逐渐过时。在现实世界中,经常存在着人的认识滞后于客观现实这一基本现象,这种滞后的认识经常作用于我们的行为,使我们作出不合时宜的举动，反映在市场分析上，就是认识存在滞后性。

（3）**我们对事物的认识过程存在前摄效应，因此人的再认识存在阻碍性**

什么叫前摄效应呢？心理学的解释是：我们会像海绵一样吸收第一时间信息，可是一旦我们吸收了这第一时间信息,我们就会将精力集中于这个信息,我们就会自动地避免接受周围环境中的其他信息,从而失去更全面地了解现实的机会。也就是说，如果我们不能有效地解决前摄效应，我们就很难有效地进行客观事物的再认识。

综上所述，我们在某一时刻进行市场分析的时候存在下列问题：

①不完全的认识导致判断只能做到相对正确；

②事物运动的绝对性导致认识逐渐滞后，相对正确认识的正确度在逐步下降；

③前摄效应导致再认识障碍。

解决上述问题的最简单办法就是设法做到完全隔绝前期判断的影响，摒弃已有的一切判断，这样才可能使自己的判断尽可能地贴近市场实际。具体操作上，一是要设法以一种没有任何观点的态度和对市场一无所知的心态全面地对市场进行重新研究（这也是为什么说好的交易员是没有观点的交易员的道理）；二是在研究问题时要以疑问句的形式进行；三是要特别注意与自己的判断相冲突的信息，思考它所隐含的语言以及所代表的客观事实，并将这些相冲突的信息写下来反复思考。只有这样才能不断修正自己的观点，使自己的判断最大限度贴近客观现实。

### 4．隔绝交易历史的影响

既往的交易历史会阻碍交易成功：盈利的操作使人志得意满，从而行事轻率；亏损的操作使人患得患失，从而目光短浅，并进而丧失全局性战略眼光。过去的交易历史，无论成功还是失败，对我们当前的分析心理都只会产生负面影响。因此在进行分析之前，要完全忘却过往的所有交易历史，使自己的心理进入归零状态。

### 5．隔绝为交易而分析的心理

抱着准备入市交易或者平仓出局的心理进行分析，是绝大多数交易员无法得到正确的分析结果的最主要原因之一。在进行市场分析之前应该明确：分析市场变化的目的并不是为了入市交易或者平仓出局。观察市场的目的是为了听懂市场语言，知道市场告诉了我们什么。观察市场是一项研究工作，至于入市出市则是随后自然得到的结果，是观察市场的副产品。如果我们为了入市交易，或是已经入市之后为了决定是否平仓而分析市场，我们往往得不到正确的结论。因为一旦你准备交易，你的潜意识里实际已经有了交易方向，这会导致你在进行分析时戴上有色眼镜，过滤掉那些与你的交易方向相悖的信息，同时用那些支持你交易方向的信息强化你的交易取向。

在实际市场分析工作中，我们不宜强硬地一定要去找寻出价格的涨跌方向。我们只可通过各种信息自然而然地得出推论，这样得出的推论再经过反复揣摩才有可能得出真实可靠的市场判断。

我们应该明白：我们只是一个研究人员，我们不能放过每一条信息。认真研究每一条信息，就像在研究棋谱一样。即使在实施交易的那几分钟里，我们也是研究者，是在做试验检查理论与结论的正确与否。我们的课题是：我们的研究结果与客观实际运动有什么不符的地方。

戴上有色眼镜分析市场是市场分析的大忌。因此在进行市场分析之前，我们应该完全隔绝准备入市或准备平仓离场的思想。应该使自己和交易无关，站在一个局外人的立场上看问题，这是成功分析的前提条件之一。

为使自己置身于整个过程之外，可以尝试地进行自我心理暗示，默默地告诉自己：我并不需要得出市场分析结论，我可以站在市场之外看市场涨跌，看日出日落。

保持隔离是保持良好的市场分析心理的重要前提之一，也是最有效的手段之一。但是要达到有效隔离并不是很容易的事。因此在实际分析过程中要注意体会因隔离失败而造成的分析失败，并注意摒弃失败的分析所产生的结论。

# 六、防范前事记忆现象带来的负面效应

通过观察我们可以知道，我们的记忆有一个特点，就是越是重要的事情，越是近期发生的事情，它对人们心理上的影响就越大；而发生较久远的事情，或者相对不太重要的事情，它对我们的影响就相对较小，我们甚至会逐渐淡忘这些事情。为了便于叙述，我们姑且把这种现象称之为前事记忆现象。

前事记忆现象在交易场中有两种表现，一种表现为人们大脑中先入为主的观念对市场判断带来的负面影响，另一种表现为人们在市场中的前价记忆带来的负面影响。

人们认识事物往往不自觉地落入先入为主的窠臼。所谓先入为主，就是先进入我们大脑的信息和判断会排斥以后的同类信息和判断。比如我们见到一个女孩，我们会对她的身高、长相、谈吐产生判断，可能判断她属于“高个的”、“漂亮的”、“谈吐文雅的”之类。下次再见到她的时候，我们大脑中就会自动产生“高个的”、“漂亮的”、“谈吐文雅的”等印象，而与之相异的其他的信息和判断则较难进入到我们的思维中去。这些判断中有些是不可改变的，如果发生了改变我们会迅速发现，比如“高个的”。而有些则可能出现改变，并且这种改变我们无法及时察觉，比如“谈吐文雅的”。这种现象说明我们对事物的认识会优先提取我们大脑中存留的经验，只有当经验与现实产生冲突的时候才会重新认识。

先入为主的现象对市场分析会带来负面影响。我们可以看到，当一个人判断市场是跌势的时候，他会对上涨信号视而不见，麻木不仁；而当他判断价格上涨或者持有多头头寸的时候，他又会对一些明显的利空信号视而不见，或者对这些信号给予其他解释。也就是说，先入为主的现象会使我们在观察感受外部信息的时候出现选择性失明，从而导致我们的分析判断与事实大相径庭，出现分析失败。

前事记忆现象的另一种表现是前价记忆，它是指最新的、最重要的价格对操盘人的心理影响最大，并会认为前期持续了一段时间的价格为合理价格。这种前价记忆现象有时会对市场分析带来负面影响，使人产生错觉。比如1994年铜价由1993年的18000上升到23000时，许多人因为前价记忆的影响，认为铜价“太高了”、“到顶了”，从而错误地大量放空；而当1996年铜价由1995年的32000跌至23000时，同样是23000的价位，又有很多人认为“太低了”、“到底了”，从而大量买入。这两种操作都是按感觉进行的操作，在市场中背离了理性的原则。

2005年，铜价实现了向上的历史性的突破，而3360美元是2005年以前伦敦铜的历史最高价，它在人们的记忆中占据了相当重要的位置。如果据此认为铜价太高了，好的情况下会踏空行情，差的情况下则会迅速爆仓。因为在期货市场的价格走势中，铜价是否合理、是否偏高或者偏低并不是与以前的价格相比较，而主要是与市场基本面适应程度以及市场人气相匹配程度进行比较。所以市场的前价记忆对市场分析有害无益，在市场分析中应防范前价记忆心理带来的负面效应。

不论是先入为主还是前价记忆，都是我们的思维陷阱。成功的分析要注意避免由此带来的负面效应。

## 七、明白预期与现实的不同

由于现实世界不断运动，而人们的认识又存在局限性和滞后性，所以预期与现实不一致的事情经常发生。当预期与现实不一致的时候，就是市场告诉我们，在我们的预期中有一些没有考虑到的因素。那么我们首先应该考虑预期与现实有哪些不一致，其次要看看是有哪些因素没有考虑到，从而导致了这些不一致的产生。

预期是我们的主观判断，现实是市场的客观实在。我们观察市场，就是要了解市场的客观实在。就像天气与天气预报一样：天气预报与天气并不完全一致，预期也与现实并不完全相同。因此除了有必要对预期及时作合理修正外，关键是我们要明白预期与现实的不一致，以及我们在这种不一致情况下应该如何应对市场。

## 八、用哲学思想解决市场问题

良好的哲学素养对提高市场分析能力至关重要。我们可以看到，许多优秀的投资者都有相当深厚的哲学功底，其中比较有代表性的人物可能就是索罗斯了，虽然他自称是“失败的哲学家”。就我们目前经验而言，哲学在期货市场分析中主要有以下应用：

### 1. 实用主义的思路

简而言之，实用主义就是以结果来看理论和方法是否正确。市场分析方法千千万万，技术指标林林总总，谁真正有效，要放到市场里去检验。理论多么完备多么深奥并不是我们关注的焦点，只要能正确认识到市场的实质，那么这种理论或者方法就是有效的方法，否则对我们的意义就不大。

在我们从事期货工作的近20年时间里，我们一直在有意无意地运用实用主义的思路应对市场。我们并不刻意地去纠缠复杂的数学计算公式，也不将思路囿守于已有的理论框架。这样我们的思路才能保持开阔，也才能使自己的思维更贴近市场。

### 2. 全面了解事物的思路

事物是多方面的。我们要了解事物，就必须对事物的各个方面都进行深入的探讨了解，防止片面地看问题，要杜绝盲人摸象的错误。

另外，影响事物的同一个因素也可能有多重属性，影响事物的某一个因素在某种条件下可能为利多因素，在另外一种条件下则可能为利空因素，对这些因素的多重属性也应该全面了解。

### 3. 用联系的观点看问题的思路

事物不是孤立存在的。价格的涨跌会受很多其他事物的影响，因此要对所有影响事物的因素进行观察，考察这些相关因素在不同时期对价格影响的不同权重，同时还要考察这些相关因素之间存在什么联系。

### 4. 用动态的观点看问题的思路

事物处于发展运动过程中，影响价格的因素随着时间的流逝也处于变化过程中，各种力量此消彼长，通过促使价格运动达到平衡。因此，价格是运动的，影响价格的因素也是运动的，要防止静态思维。

### 5. 偶然和必然的思路

市场中许多看似偶然的事件其实是市场发展的必然结果。从哲学的角度来说，偶然之中包含着必然。因此，在市场中对看似偶然的事件不可掉以轻心，要给予足够的重视，通过偶然性的表面现象，观察到必然性的事实。

有位朋友，做了多头后价格下跌了，匆忙中对自己的判断丧失了信心，按所谓的“止损点”进行了平仓。不想平完仓后，价格一路上行，这位朋友后悔不迭，只有感叹自己“运气不好”，如果不是偶然碰上价格回落，一定会抓住这波行情。其实在这看似“偶然”的事件中，就包含了我们没有真正把握市场的事实，出现最终的结果也就是必然的了。

### 6. 抓事物主线的思路

在影响价格的因素中，有些因素起着关键性、决定性的作用，有些因素虽然也起作用，但是无法左右价格发展，在价格发展过程中只是起辅助作用。因此，在分析中要侧重找出影响价格的关键性、决定性因素，同时对那些辅助性因素也要给予足够重视。

### 7. 忽视自我，坚持市场第一位，尊重市场选择的思路

市场的力量就是规律的力量，个人或团体的力量与市场的力量相比其实是微不足道的，因此在市场里应摆正自己以及自己所掌控的资金的位置，做到忽视自我存在，尊重市场的选择。

首先，忽视自我，尊重市场，就是不要试图左右市场，而要顺势而为，也就是在分析中要分清“大势”，顺应“大势”。

其次，忽视自我，尊重市场，就是要放弃自己的主观判断，尊重市场的客观现实。当市场的客观现实与自己的主观判断不一致的时候，一定是自己的主观判断出错了，而不能与市场作对。也就是说，在市场分析中不能拒不认错，在操作中更不能加死码。

## 九、注意寻找与自己的观点相左的信息

《三国演义》里有这样一个情节：田丰劝袁绍不要与曹操进行官渡决战，否则后果堪忧。袁绍大怒，将田丰打入大牢，“待吾破了曹军，明正其罪”！后来袁绍在官渡果然战败，后悔没有听田丰的忠言，却由于羞见田丰，派人到狱中将其杀害。

历史上很多君王都对不支持自己观点的人大加挞伐，单位里很多领导也有意无意地疏远与自己观点不同的人。许多人感叹君王的昏庸，其

实他们没有注意到，这种“昏”在我们每个人身上都存在。人的潜意识里有一种远离痛苦的本能，表现在对信息的接收上就是更愿意接受支持自己观点的信息和人物，而排斥与自己的观点相反的信息和观点，甚至是排斥持有这些观点的人。人们对那些与自己的观点相抵触的信息往往视而不见，对那些持有相反观点的人往往抱有反感。袁绍杀田丰，是因为他不愿意直面痛苦。这时候田丰所说的是不是正确已经不再重要。也正因为如此而成就了袁绍的“昏”，并最后促使其一败涂地。

袁绍的“昏”大家都看得很清楚，而在交易场中我们自己的“昏”又有多少人觉察到了呢？我们可以看到，很多股票投资人，当你说他买的股票价格要下跌的时候，他会非常气愤，似乎股票的下跌是因为你的发言所致；而你说他的股票要上涨，他就会非常高兴，还可能会对你说很多感谢的话来，虽然你并没有值得他感谢的地方。从这一点上来说，远离痛苦亲近舒适的人类本能不因身份地位的高低有所差别，这也导致交易场中排斥相反信息的“昏”普遍存在。

人们排斥相反信息亲近舒适信息的倾向会使我们得出错误的结论，作出错误的决策。对照历史我们可以看到，田丰劝谏袁绍的话里包含对袁绍最宝贵最重要的内容，而与领导相异的观点也并没有恶意。在交易场中甚至可以说，与自己观点相反的信息才是最宝贵最值得珍惜的信息。所谓良药苦口利于病，忠言逆耳利于行，如果我们能够正确对待与我们观点相异的信息，我们在市场中就更容易预防错误的产生。因此在分析过程中，甚至是在整个期货交易过程中，我们都必须高度关注并注意寻找那些与自己的判断相左的信息，并对此进行各种推断。

做好市场观察的要诀就是：抛开对任何事物的情感与预期，抛开已有的对市场的判断，用市场的头脑及客观的眼光观察市场的行为，把精力集中于市场告诉了我们什么，而不是市场对我们做了些什么，同时把交易过程视为检验研究结果的过程。

要像一个正在与电脑下棋的棋手一样，保持心静，保持孤独。

# 第五章
# 如何参透市场玄机

## 一、市场分析的目的

市场分析的目的，就是要通过对影响价格运动的各个因素进行分析，推断出可能的价格运动。这个过程，不是简单地停留于对各个影响因素现状的分析，而是要深入到各个影响因素的可能变化以及这些变化对价格的影响中去才行。具体而言，就是要分析某一价格运动的方向、推动力和阻力以及推动力和阻力的可能变化，从而得到价格运动的可能轨迹，这种可能轨迹包括价格运动的可能时间和可能空间。

从物理学的观点来看，物体运动的加速度与所受的合外力成正比，与其质量成反比，加速度的方向与合力的方向相同。即：F=ma。如果我们把这种观点移植到价格分析上来，那么可以认为F是各种影响因素的综合合力，这种综合合力决定了价格运动的方向和速率。我们所作的市场分析，目前主要是对综合合力的分析，而如果做深入的研究，那么对市场的“质量”也应该进行考量，这样才能较好地推导出可能的价格运动轨迹。

市场价格运动的可能轨迹，包括市场现状的推断（市场是处于蓄势状态还是向前拓展状态，或者是修正状态，等等）、市场可能的运动方向及运行时间、运行距离、运行方式等。

## 二、关于市场趋势的认识

### 1. 趋势如何运行

趋势可以理解为已经产生和将要产生的价格持续运行方向。按类型来分，趋势可以分为主要趋势、次要趋势以及干扰趋势（我们定义市场所做的不规则无序运动为干扰趋势）；按时间段来分，趋势可以分为长期趋势、中期趋势和短期趋势；按涨跌来分，趋势可以分为上升趋势、下降趋势以及横盘整理趋势。趋势的运行，与四季天气变化极为类似。所以，领悟四季变化的规律，有助于理解趋势的产生、发展以及消亡。

关于趋势的阐述可以参考道氏理论的基本原则：

第一，市场价格包括三种趋势，即长期趋势、中期趋势、短期趋势；

第二，长期趋势又可以分为三个阶段：积累阶段、价格加速运动阶段、价格运动逐渐结束阶段；

第三，由交易量验证趋势；

第四，只有发生了确凿无疑的反转信号之后，才能判断一个既有趋势的终结。

（1）**趋势的产生**

俗话说，冰冻三尺非一日之寒。一个趋势的产生，必须经过时间的酝酿，经过各种利于趋势发展的因素的逐渐壮大，也就是道氏理论所说的长期趋势的积累阶段。从过程来说，趋势的产生是由一个或几个价格影响因素进行叠加而形成趋势决定因素（该趋势决定因素应该为一个傅里叶函数），该决定因素成长到一定阶段最终形成趋势。

值得注意的是：上升趋势的酝酿时间相对较长，而下跌趋势的形成时间则相对较短。也就是说，上升需要动能，而下跌则依靠势能即可。

（2）**趋势的发展**

趋势一旦产生，将保持趋势方向直到转势，中间可能发生一定规模的中级调整，形成中级反方向运行的次级趋势。趋势的发展阶段包括趋势的加速发展阶段和趋势的衰减阶段。趋势的加速发展过程是一个自我强化过程。首先是利于趋势发展的因素占据统治地位后，趋势开始缓步启动。这个时期的特征是反方向的运动成为不可能或者荒谬。而随后的趋势运动会出现自我强化：价格上升将强化价格上升预期，价格回落将强化价格回落预期。趋势在自我强化过程逐渐加速。而趋势的强烈程度则取决于趋势决定力量的大小：趋势决定因素的力量越大，趋势就越强烈；反之趋势就会表现得比较平缓，甚至一波三折。

趋势的加速发展过程达到顶峰后将会进入趋势的衰减时期，这个时期的突出特征是：由于价格运动已经达到相当幅度，趋势运动已经不再表现出自我强化现象。价格虽然还会在趋势决定因素的推动下运动，但是运动的阻力将逐渐加强，运动的难度逐渐增大，从而走向趋势的转折。

（3）**趋势的回撤**

趋势不会永无休止地按单一方向运动。趋势运动过程中会出现回撤：在上升趋势中会出现冲高回落，在下跌趋势中也会出现止跌回稳，甚至反弹。

回撤出现的原因有两点：一是因获利回吐引起；一是因趋势运动过于猛烈而超前于基本面，市场出现修正以便价格与基本面相匹配引起。无论什么原因，回撤都只是短暂和小幅的，它所引起的只是价格动荡而非价格的方向性运动。从这一点来说，回撤与我们后面将要提到的价格逆行趋势的根本不同之处在于：回撤没有动力牵引，而价格逆行趋势则是在某一时间段上，反方向的价格影响因素暂时占据了主流，它是有动力牵引的运动。可以做下面的比喻：趋势运行犹如汽车在动力牵引下运行，回撤是汽车冲坡过程中因为动力不够而出现的倒退，而逆行趋势则是车辆的倒车。

回撤可以说是市场中最具有欺骗性和最具有杀伤力的市场现象。同时从另一方面来说，也是重要的市场介入机会。

例如，在近期的疯狂抛售之后，由空头补仓引起的止跌回稳很容易被误解成买方的有力介入。实际上在空头补仓的情况下，只有少许的新的买方，那么一旦卖压过重的状态得到纠正之后，市场仍会沿原运动轨道前进。这种迅速变化的市场行为很容易加重市场的焦躁情绪，导致交易者过早平仓退出，甚至由空头转入多头，从而导致亏损。而同时，如果我们能够正确识别回撤，则回撤的结束就是好的市场介入机会。因此说，正确判断转势与回撤的区别极其重要。

回撤可能以相当有力的方式进行，也可能以非常微妙的方式进行。

也就是说，上升市场的调整不一定是价格下挫，下降市场的调整也不一定是价格上涨（即可能以一种价格变动不大的方式出现），其原因在于多头持仓者获利回吐时，有可能巧遇新的买方入市，或者是遭遇空头止损，这样价格变动就不会大。

价格的盘整也可以视为价格变动不大的回撤，因为价格盘整于价值区内也是为了消化获利盘以及人们的前价意识，同时也是为了消化由前价意识所带来的反方向交易指令单，以等待条件成熟。

趋势的回撤有两种作用：首先，消化获利回吐，保持市场健康发展，为趋势的继续运行减轻阻力。获利回吐使市场紧张情绪得以缓解：在较好位置入市的交易者有了丰厚利润后，经常会为保持盈利而处于高度兴奋状态，减缓这种市场焦躁情绪的渠道之一就是获利回吐。

其次，回撤可以协调价格与基本面的匹配关系。由于期货是人们对未来价位的预期，所以它在价位上会产生一个提前效应，即价位提前于基本面，并促使现货价向期货价靠拢，所以在价格运行中绝大多数时间是现货跟着期货走，而不是相反。当价位发生巨大变动之后，它需要一段休整时间留待给基本面以作认证，使基本面与价位一致，同时也需要一段时间留给人们作心理适应。如果基本面并未完全认证价位，或者人们心理一时间适应不过来，则价位就会发生修正。而这段修整时间的长短要视基本面表现的强劲程度和人们心理适应的程度而定：当基本面表现的强度不是很强时，则修整时间可能会长些，当基本面表现得非常强烈，则修整时间就会很短甚至为零；当人们适应得比较快的时候，休整时间就会相对较短，反之可能较长。

回撤主要是由于价格与市场心理存在一定的脱节而引起的，也可以说是达到某一价值区的条件尚不具备。此时价格将发生回撤，以等待候条件成熟。在回撤完结之后，趋势方向将会继续。

（4）**趋势的转折**

趋势的衰减过程进行到一定时期就将面临趋势的转折。趋势转折的根本原因在于推动价格运动的力量与阻碍价格运动的力量出现此消彼长。此时价格不排除仍按趋势运行的可能性，但是此时的价格运动已经属于竭尽性运动了。

在趋势走向转折的过程中，主要的利多或者利空因素都已出尽，推动价格运动的能量走向衰竭，特别是推动价格运动的潜在因素也寥寥无几，价格走向极致，由此出现盛极而衰、否极泰来的局面。

趋势的逆转，重要的是支持趋势运行的因素发生了变化。因此，观察趋势，除了观察趋势本身外，还要观察影响趋势的因素发生了哪些变化。具体地，可以脱离期货市场去考虑：如果没有期货市场，哪些因素的变异将影响价格？市场是否还会按趋势方向运行？由此可以排除投机因素对价格的影响，更好地把握基本面情况。（投机因素是最不稳定的因素。）

趋势的转折过程中有两点必须注意：一是要防止单向思维，即防止在趋势发生转折后仍然看涨或看跌的思维惯性。二是要区别反转与回撤：回撤没有动力支持；反转则是与原趋势方向相反的力量逐步左右了局面，成为了市场主导力量。

总之，趋势是按这种过程发展的：首先是趋势的酝酿阶段。该阶段是一个能量积聚过程，也是一个推动价格运动的条件逐步完备的过程。其次是趋势运动阶段。该阶段最初是趋势初露端倪，价格时有反复，之后是趋势逐步强化，力量反复释放，价格走向为绝大多数交易商所认可。虽然该时期也会出现价格回撤，但是一般价格回撤幅度不深。最后是趋势转缓到逐渐反转阶段。该阶段也是趋势发展阶段的后期。这一时期趋势的力量逐步耗尽，市场出现运动乏力现象，同时市场开始酝酿新的趋势。

### 2.趋势的异类——逆行趋势

我们定义与主要趋势方向相反的次要趋势为逆行趋势。逆行趋势的成因主要是因为主要趋势的价格运动速度过快，出现了价格远远超前于基本面的情况。为了改变这一情况，价格会在修正力量牵引下逐渐向与基本面匹配的价格靠拢，从而形成逆行趋势。也就是说，逆行趋势是在修正力量牵引下运行的次要趋势。

逆行趋势在表现形式上有点类似价格的回撤，都是价格出现与主要趋势方向相反的运动。但是逆行趋势区别于回撤的不同点，不仅在于逆行趋势是有动力牵引的运动，回撤则没有动力牵引，而且在于逆行趋势的运动幅度和运动时间都远大于回撤的幅度和时间。另外，逆行趋势本身也可以包含价格回撤。由于逆行趋势的回撤方向与主要趋势的运动方向一致，因此很容易造成顺势能量的积聚，所以一般情况下逆行趋势的回撤力度相对较强。

### 3.市场趋势的判别

判别趋势，主要是已形成趋势的判别和正在形成趋势的判别。

已形成趋势的判别比较简单，只要在K线图上拉出趋势线就可以清楚地判别当前趋势是上升趋势还是下降趋势，或者是横盘整理趋势。对于已形成趋势进行判别的主要任务是判别现有趋势是否可以延续。

正在形成趋势的判别主要是要判别原有趋势是否行将结束，新的趋势是否会形成以及以何种形式形成，并以何种方式运行。

**（1）已形成趋势的判别——趋势是否可以延续**

①已经形成的趋势不会轻易终结

价格变化的根本原因是矛盾运动的结果。供需矛盾从产生到激化，再到加速发展，之后是出现缓和，再后是出现矛盾转变，这个过程需要较长的时间段。也就是说，趋势从形成到高潮、缓和以及转势需要较长的时间，所以趋势不会轻易改变。一般情况下，只要决定趋势的基本面方向没有发生决定性的改变，趋势就会延续下去。趋势延续过程中的逆行趋势、回撤等都不构成市场主流——在逆行趋势和回撤结束后，市场依然会按主要趋势方向继续运行。所以只要基本面没有发生重大改变，就不要轻言已形成趋势的终结。

趋势具有形成以后不会轻易改变的特性，这个特性是期货操作中“顺势而为”的理论基础。

趋势虽然不会轻易终结，但是趋势存在一个强度的概念，即趋势会逐渐增强还是逐渐转弱。趋势强度出现变化的原因主要在于价格决定因素出现转强或者转弱，维持趋势的后续力量出现转强或者转弱，由此带动市场价格趋势出现相应的增强或者转弱。

趋势的强度可以通过趋势线斜率的变化来反映：趋势线斜率逐渐上升的趋势属于逐渐增强的趋势，趋势线斜率下降的趋势属于减弱的趋势。逐渐增强的趋势将会得到延续，而逐渐减弱的趋势则有可能走向消亡。

②判断已经形成的趋势需要正确区分主要趋势、逆行趋势、回撤以及转折

有人说，只要懂得获利回吐就懂得市场运动，这话虽然很正确，但是比较笼统。严格说起来，应该是：只要正确区分主要趋势、逆行趋势、回撤和转折，就可以正确把握市场运动，而混淆上述四种现象，则是市场分析的重大失败。

在上述四种现象中，回撤和转折的区分难度较大，但是其在市场分析中的重要性也最大，因此我们下面侧重讨论一下。

回撤分为反弹和向下调整两种。反弹是指跌势中的价格上涨，调整则是指涨势中的价格回落。

不论是反弹还是向下调整，产生回撤的主要原因都是价格达到当前价位并以当前价位为依托继续运行的时机不成熟。这种不成熟可能表现为大多数交易员心理上暂时不能接受当前价位，会因此产生“价格太高了”或者“价格太低了”的感觉，还可能表现为当前的基本面不足以与当前价位相匹配。由于时机不成熟，价格无法保持在当前价位，由此会产生向当前价位运行的运动失败，而这种运动失败又会吸引一部分获利平仓盘的涌现，并因此扩大了回撤的幅度。

期货市场的涨跌，并不是持续地向一个方向运动。涨中有跌，跌中有涨。但在一个时期内，它是一个有方向的运动，其间的反弹或调整只是一个插曲。回撤只是一个技术性调整过程，并不足以改变主趋势的运动方向。回撤结束后，价格依然会按主要趋势的运动方向运行。这一点是回撤与转折的最重要区别。

回撤的情况可以参考图5–1。

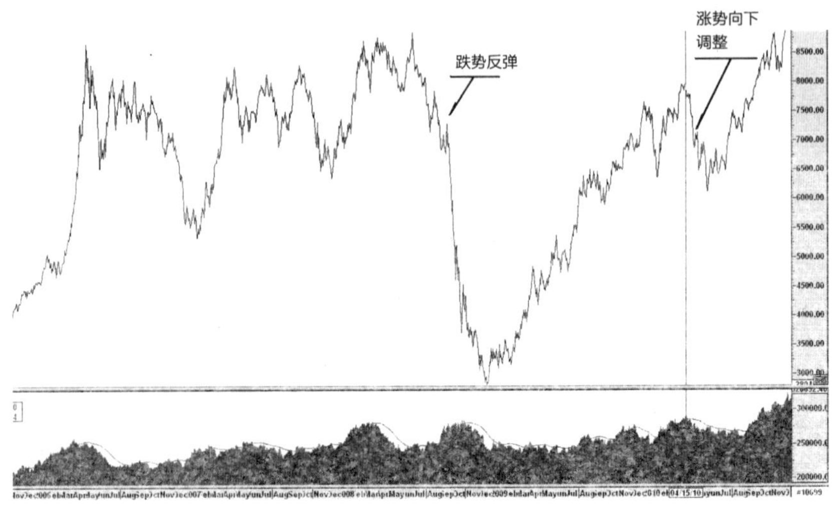


图5–1

需要注意的是，回撤过程可能伴随有持仓下降的现象，但是回撤与持仓下降并不是一一对应的关系，这是因为获利平仓只是回撤的部分原因。

转势的情况与回撤有根本区别。它发生的原因是当前的基本面不足以与当前价位相匹配，并且在可以预见的时间段内，基本面无法改善到与价格相匹配的程度，甚至可能出现基本面向价格运动相反的方向发展的现象。在这种情况下，价格完全没有希望保持在当前价位并以当前价位为依托做进一步的拓展。在证明了价格的铁顶或者铁底后，市场即开始转势。

价格转势有一个一般性的特点，即传说中的“三日顶，百日底”，当然，这种现象并不绝对，它只是说明了在一般情况下上升趋势转化为下降趋势比下降趋势转化为上升趋势的时间要短。

在涨势或跌势中，斜率的变小往往给出预先的转向警戒信号。另外，大方向转变，常出现双顶或双底等形态（三顶三底、头肩型顶，头肩型底、大圆顶大圆底）。由于圆顶及圆底等形态的形成需时较长，故不容易形成“假动作”。

③通过逆行趋势观察已形成趋势的运行情况

我们知道，逆行趋势不仅运动幅度和时间大于回撤的幅度和时间，而且它是具有动力牵引的运动，因此逆行趋势对主运动趋势能否持续就构成了挑战。所以在市场分析中，充分注意逆行趋势的运行情况是观察主运动趋势的反方向力量的好机会，在实际分析中具有非常重要的价值。

区分了回撤与转势以及逆行趋势以后，我们可以把上述四种现象进行比较，其主要异同如下：

趋势是在主要趋势力量牵引下的运动，它是价格在一段时期内的主要运动；

逆行趋势是在逆行趋势力量牵引下的次级运动，其运动周期一般相对主趋势要短；

回撤是伴以获利回吐的自然回落或者反弹，它是没有动力牵引的运动；

转折则是基本面发生变化，推动市场运动的主要趋势力量发生了变化，原有的主要运动出现消亡的过程，它同时是一个牵引动力出现转变的过程。

逆行趋势和回撤以及转折都可能出现与趋势方向相反的价格运动，但是转折最重要的特征就是基本面出现了重大转变，这一点在市场分析中极为重要。

如果能够正确区分趋势、逆行趋势、回撤、转折，我们就能够完全把握市场运动的性质，也就能够估算后市的发展轨迹，从而对价格发展了然于胸。

趋势、逆行趋势、回撤、转折的异同可以参考表格5-1。

表5-1

| | 运行方向 | 动力牵引 | 运行时间 | 性质 |
|---|---|---|---|---|
| 主要趋势 | 主运行方向 | 有动力 | 时间跨度大 | 基本趋势运行过程 |
| 逆行趋势 | 与主运动方向相反 | 有动力 | 时间跨度比较大 | 次级趋势运行过程 |
| 回撤 | 主要趋势的回撤与主运动方向相反；<br>逆行趋势的回撤与主运动方向相同，与逆行趋势方向相反。 | 无动力牵引 | 时间跨度比较小 | 属于技术性调整过程 |
| 转折 | 转折的前期运行方向与主运动方向一致，转折的后期运行方向与主运动方向相反。 | 动力逐渐减弱，然后反方向动力逐渐增强。 | 上升趋势的转折时间可以，较长，也可以较短，甚至很短；<br>下降趋势的转折时间一般比较长，少部分可能出现V形反转。 | 属于基本趋势逐渐消亡，新的趋势酝酿过程。 |

（2）正在形成的趋势的判别——趋势的转折及新趋势的产生

运动谈趋势，静止谈平衡。因为运动是绝对的，所以市场绝大多数时间是以趋势方式运行的，而平衡时间则较短。（横盘整理也是一种趋势。）实际价格运行过程中，原有趋势的消亡过程就是新趋势的产生过程。由于新事物取代旧事物是历史发展的必然，所以所有的趋势都不可能无限制地延续下去，也就是说，旧趋势必然消亡，新趋势必然产生。由此，正在形成的趋势的判别，应该从原趋势的消亡开始。

当市场的基本面发生重大变化，市场趋势就可能发生转折。反映在形态上，可以通过以下方式来判别：

①通过价格运行时的买卖力量变化、买卖力量类型来进行判别

在价格运行过程中，如果维持趋势的力量逐渐减弱，同时盘面交易情况显示与趋势同方向的买方力量（或者卖方力量）在一段时间里逐渐减弱，那么趋势有可能发生转折。

另外，买卖力量的类型也值得专注。我们知道：主动性买卖盘对价格具有推动作用，而平仓盘对价格运动则没有推动力。因此，如果交易情况显示，趋势方向的主动性买盘或者主动性卖盘在一段时期里持续减少，那么趋势也可能发生转折。

②利用扇形原理进行判别

我们用趋势线来表明价格上升或者下降的方向和速度。我们可以看到，即使在一个明显的下降趋势中，价格也可以突破下降趋势线，但是这只能说明价格无法保持下降速率，而不能推断价格趋势出现了反转。

同样，跌破支持线，只是说明价格无法保持某种量级的涨势，当前的上升速率无法维持，涨势在减速。

已形成趋势的运行斜率下降，只是预示趋势可能走向消亡，但是持续下降的趋势线，则预示价格趋势可能正在反转。用扇形原理来表述就是：价格跌破上升趋势线或者突破下降趋势线，并不意味着趋势的转折，但是如果价格持续突破三根趋势线，则趋势转折的概率很大，可以

用来作为重要参考因素。

③利用主要的反转形态进行判别

我们前面曾经谈到过，就技术分析而言，主要的反转形态，如头肩顶或头肩底、双顶或者双底、三顶或者三底、圆顶或者圆底都可以作为趋势反转的重要参考因素。具体可以参考相关的技术分析书籍。（建议看约翰·墨菲的《期货市场技术分析》）在这些形态出来之后，形态本身对交易商的交易心理也将产生重大影响，从而促使趋势反转进程加速。因此对上述形态应该高度关注。

判别趋势是市场分析最重要的工作之一。分析过程的基本原则是高度关注可能的趋势反转，但是绝对不能主观臆测趋势的反转，因为对趋势反转的错误判断，很容易导致期货交易中的重大损失。

上面谈到的是已形成趋势的运行与趋势反转的判断。在实际分析中，还有两个需要高度关注的概念。一是由于趋势分长期趋势、中期趋势和短期趋势，而在市场中最有实际操作意义的是中期趋势，而长期趋势则作为战略参考，短期趋势用于入市时机的选择，因此必须高度重视中期趋势的研究。二是由于市场的趋势从形成到消亡是有时间寿命的，不同时间段的趋势的价值完全不同，因此我们除了要把握趋势方向外，还要研究趋势在其“寿命”中所处的时间段，要寻找“少年势”，慎用“中年势”，警惕“老年势”。

### 4.人类反应对趋势的影响

真正在金融市场中起决定作用的，并不是事件本身，而是人类对事件的反应，也就是我们前面所说的“价格决定因素是市场大众对市场的判断”。或者说，交易场上的人们如何解读事件，并对事件作出何种反应，这才是价格运行的决定因素。

价格影响因素会对趋势的运行产生影响，但是这种影响必须通过人们的反应才能够得到实现。如果一个价格影响因素不为人们所关注，或者被做出其他的解读，那么这个价格影响因素对趋势应有的影响也就无法实现。在期货市场里，左右价格的是人们的买入卖出决定。因此了解人们将如何解读某一事件，并对事件作出何种反应以及多大反应，了解人们在什么时候会争着抢某种东西，什么时候会抛弃某种东西，这对于判断价格发展至关重要。所以，在市场分析过程中，必须将人们对市场的反应纳入重要的分析范围。

总之，人们对市场的心理预期决定价格走向，而处于变化中的趋势决定因素则会影响到人们的心理预期。区别主运行趋势、逆行趋势、回撤以及转折有利于把握市场运行的实质。

## 三、消息对价格的影响

消息会对价格产生影响。依据消息的不同类型以及消息传播阶段的不同，消息对价格的影响效果也不同，由此在期货交易中对消息的应对措施也不同。

首先，消息按其产生的原因可分为基本面消息和非基本面消息。基本面消息就是由市场基本面发展所引发的消息。比如有消息说由于铜价过于低迷导致某矿山停产，这种消息就属于基本面消息。虽然我们不知道这种基本面消息何时会发生，但是我们可以预估到这种消息将会发生，也就是在偶然中孕育着必然。而非基本面消息则是与基本面不相关的突发消息。比如上面提到的矿山的例子，如果有消息说暴雨冲毁了矿山的道路导致停产，那么这种消息就是属于非基本面消息。它可以发生在铜价的上涨趋势中，也可以发生在铜价的下跌趋势中。

基本面消息不同于基本面，但是可以折射出基本面情况。因此实际分析中，要分清楚什么是消息，什么是基本面，消息反映了基本面的哪些特征。而对于非基本面消息，则要具体情况具体分析。

其次，消息按其传播阶段可以分为公开前消息、公开中消息、公开后消息。比如说国际上一大型铜冶炼厂由于某种原因要长时间停产，这种消息在公开前只有该冶炼厂的经营层和管理层少数几个人知道，可以说是绝密消息。依据这类消息入市交易，往往可以被看作是内幕交易。这种消息的价值很大，但是往往可能触及法律红线。当上述长时间停产的消息向公众公布后，消息的传播有一定时间段，在这个时间段里，消息可以被看作是公开中消息。这种消息的价值将随着时间递减。也就是说，时间越长，消息就越没有价值。因此，在消息发布的初始阶段，利用消息获利是一个比较稳妥的盈利方法。所以，在期货交易中随时关注消息，做到耳聪目明是很重要的。随着消息公布后时间逐渐流逝，消息就逐渐成为公开后消息，这时再以此消息进行交易，就只能是为别人“抬轿子”，一般会遭受损失。

不论是基本面消息还是非基本面消息，对价格最终起作用的还是基本面。因此在分析中还应该观察消息对基本面产生了哪些影响。

消息对基本面会有两种影响：一种是正作用于原市场趋势，也就是为市场趋势推波助澜。在这种情况下，消息对市场的作用力较容易表现出来，同时可能对市场产生较大影响。另外一种情况是消息反作用于原市场趋势，也就是说消息阻碍市场价格继续运行。在这种情况下，市场价格运行可能短暂地受到迟滞，但是只要消息没有改变市场的基本面，那么消息的影响就是短暂的，市场发展最终将熨平该消息的影响继续向前运行。

1994年年中，期货市场里铜价不断上涨，这时突然有媒体报道称，内贸部负责人认为铜价价格虚高，国家可能采取措施平抑价格。消息传出后，铜价出现了连续四个跌停板。但是一段时间之后，价格不仅完全收复失地，还远远超出了年中的2400美元的价格，最高达到了3074美元的高度才收场。这就是消息反作用于市场趋势的典型例子。

如何正确对待消息呢?

准确的真实信息有助于我们把握市场，虚假的和滞后的信息则会把我们的思路引向歧途，造成我们的判断失误。因此在市场分析中，我们要学会正确对待消息。

正确对待消息的第一步，就是要核实消息的真实性。当今社会是信息技术高度发达的社会，信息传播的途径极为快捷，各种信息充斥于社会生活的方方面面。在这些信息中，有些是真实的，有的在传播过程中出现了变异，另外一些甚至是虚假的信息，是某些人为了某种目的刻意捏造的假消息、假新闻。对这些消息，我们一定要根据消息来源渠道进行核实。如果我们无法核实消息的真伪，那么建议把这种消息暂时搁置一旁。

其次，正确对待消息，还要分清消息在市场中的有效性。有些消息虽然是真实的，但是对我们的价格运动不会产生影响。这些消息，我们把它称之为无效消息。只有能对价格产生影响的消息我们才把它视为有效消息。比如某地一个小冶炼厂停产，一般不会对期货价格产生影响，这种消息对价格而言就是无效消息。而如果国家出台环保措施，对没有达到环保标准的冶炼企业限期关停，那么这种消息就会对价格产生明显和深远的影响，就属于有效消息。

正确对待消息最重要的一步，是要弄清楚消息的传播阶段，也就是消息的时效性。许多消息，虽然真实，也对市场产生作用，是有效消息，但在消息传播的不同阶段，价格对消息的反应也不会一样。比如上面说到的，国家出于环保考虑，对一些冶炼企业限期关停的消息。如果该消息刚开始公布，价格将会出现对应的上涨。而如果该消息已经公布了一段时间，价格已经出现了相当幅度的上涨，甚至是出现了超涨，那么价格可能不会续涨，甚至可能会出现回落。

最后还有一个干预问题。干预也是一种消息，是行政机关出于行政目的对价格进行干预。行政规定交易标的不得高于或者低于某一价格。一般而言，干预的消息出来后价格会稳定在某一水平，并持续一段时间。

对于行政干预，可以从两方面来认识：首先，行政干预是与市场的基本面相反的行为。正是因为市场的正常价格运行与行政机关的本意相背离，才有行政机关干预一说，行政机关也才需要进行干预。比如在通货膨胀时期，所有商品的价格都会出现一定程度的上涨，但是国家可能会对一些关乎民生的商品如粮食设定最高限价。这种行政行为从维护社会安定的角度来看可能是必需的，但是从市场角度来看却是一种违背市场规律的行为。其次，如果行政干预是行政机关强力推进的行为，那么干预对价格的作用将是非常有效的，同时也意味着该价位潜在的市场需求相当大，一旦行政干预有所松动，价格将会出现较大的突破，甚至出现价格的畸形运行。

以人民币兑美元汇率为例，在人民币从3.7逐步放开的过程中，有一段时间国家将汇率控制在5.7左右，当时市场对美元的需求非常强烈。5.7的汇率维持了相当一段时间，之后国家尝试放开汇率，人民币兑美元一度冲高至14：1的高度，出现了严重的畸形发展。

针对干预问题，我们不主张站在干预的立场进行交易，因为那是与基本面相反的方向，是不符合市场规律、与趋势相反的方向，同时也很难获取利润。如上面例子所说的，如果在5.7放空美元，基本没有获利机会。其次，虽然我们是应该站在基本面立场考虑问题，但我们也不主张站在行政干预的对立面进行交易，因为干预如果是行政机关全力以赴的行为，那么行政干预的力量将会非常强大，头寸获利的机会也会相当渺茫。

## 四、用“合理价格区间”的概念分析市场

用“合理价格区间”的概念分析市场，是市场分析的一种新思路，其中以下几点值得我们注意。

### 1.市场存在“合理价格区间”

期货市场存在合理价格区间，这首先是因为期货市场可以形成相对合理价格，其次是因为该合理价格会在一段时间内保持稳定。

首先，期货市场中信息的充分公开以及理性投资者的充分参与，由此导致了市场价格的充分竞争，而这种市场价格的充分竞争，有利于形成市场的合理价格。

我们知道，“有效市场理论”成立有四个假设前提，即：第一，市场信息被充分披露，每个市场参与者在同一时间内得到等量等质的信息，信息的发布在时间上不存在前后相关性。第二，信息的获取没有成本或几乎没有成本的。第三，市场中存在大量的理性投资者，他们为了追逐最大的利润，积极参与到市场中来，理性地进行分析、定价和交易。第四，投资者对新信息会做出全面的、迅速的反应，从而导致价格发生相应变化。而从期货市场的价格形成方式来看，它符合“有效市场理论”的四个假设前提，因此按有效市场理论的说法，“市场价格能充分反映该资产的所有可获得的信息”。也就是说，期货市场最终形成的期货价格是相对合理价格，即市场价格可以反映该资产所有可获得的信息，价格也反映了该时段资产的价值。

实际上，“有效市场理论”只是一种假说。既然是一种假说，就没有严密的推理与论证过程，并且理论也并不严密。经济学家曼昆就曾说过：“这种理论也许并不完全正确。但是，有效市场假设作为一种对世界的描述，比你认为的要好得多。”

那么我们在期货市场里到底应该如何应用“有效市场理论”呢？从实用的角度出发，我们只要对其进行适当调整就可以应用于期货分析中了。在实际运用中，我们体会到，并不是每一个期货成交价格都是合理价格，期货成交价格也并不能完全正确地反映当时的基本面情况，但是由于期货市场对不合理因素的调节方法是通过价位的变动来进行调节，因此市场出现的平衡价位即可被认为是合理期货价格。我们如果把“有效市场理论”调整为下述表达，也许就可以比较贴切地反映市场实际了。即：期货市场的平衡价格是该时段市场基本面与人们情绪的综合，属于阶段性的有效价格。在这一点上，它类似于化学平衡运动，属于动态平衡。

其次，期货的平衡价位会在一定时间内保持稳定，从而形成“合理价值台阶”。

如我们前面所描述的那样，期货市场里的“平衡价格”是市场经过充分的价格竞争所形成的，它“充分反映了该资产的所有可获得的信息”，而期货市场对不合理因素的调节方法就是通过价位的变化来进行。也就是说，如果价格要发生变动，必须相对于目前价格有不合理的因素出现，否则“平衡价格”所反映的“市场平衡”就不会被打破，平衡价格将会得到延续。市场里影响基本面的各个因素处于永恒的变化过程中，但这些因素的变化需要一个从量变到质变的时间。这样，基本面因素将可能出现一段时间的相对稳定时期，表现在价格上，就是市场的“平衡价格”可能维持一段时期，从而在图表上形成“合理价值台阶”。

从历史经验来看，“价值台阶”维持的时间短的可能只有几周，长的可能维持数年，而对于比较动荡的市场，“价值台阶”将处于相当不稳定的状态。具体例证可见图5-2和图5-3。

伦敦铜：价值台阶维持数周
伦敦铜：价值台阶维持两年
3000.00
2500.00
2000.00
1500.00
1000.00
1971
1972
01/19/73
1974

图5-2

伦敦铜：2005年以后处于动荡时期，
“价值台阶”处于相当不稳定状态，
难以寻找比较像样的“价值台阶”
10000.00
9500.00
9000.00
8500.00
8000.00
7500.00
7000.00
6500.00
6000.00
5500.00
5000.00
4500.00
4000.00
3500.00
2879.15
2006
04/21/06
2007
2008
2009
2010

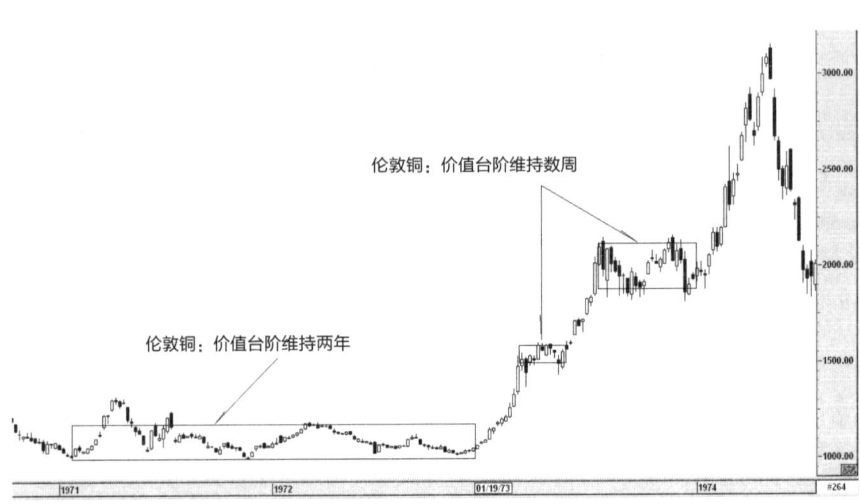

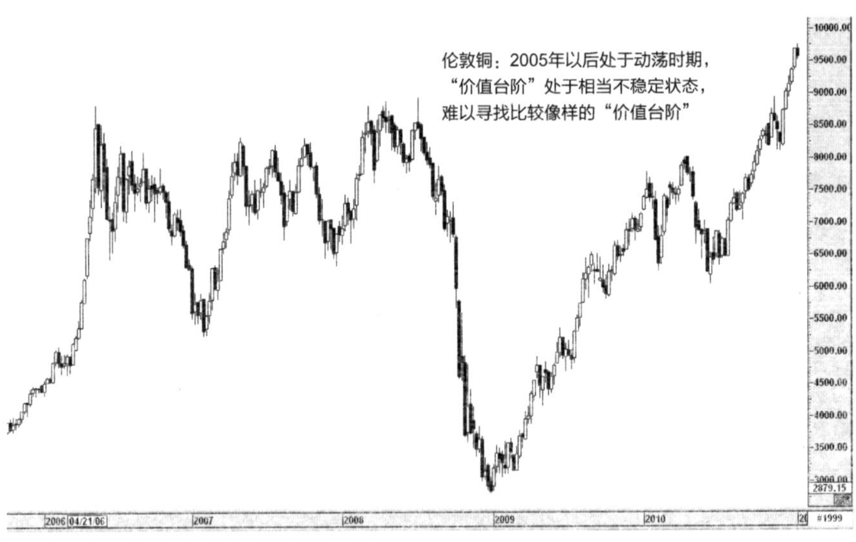

图5-3

## 2．“合理价格区间”的特性和变动规律

“合理价格区间”存在下列特性和变动规律：

**第一，合理价格区间的上方对价格运动存在阻力，同时区间下方对价格形成支持**

由于合理价值区间是市场多空因素和多空力量达到平衡的产物（我们把这时的价格称为“平衡价格”），所以价格要脱离价值区间就必须打破该种平衡。只要平衡条件没有被破坏，市场的这种平衡就会维持下去，表现在价格区间上，就是“上有阻力，下有支持”。

由于在合理价格区间里，多空力量达到基本平衡，所以此时的市场价格也处于相对稳定状态，价格运动出现了“运动到位”的现象。

所谓“运动到位”的现象，就是指某一时点里，价格真实地反映了市场各方面的影响，形成了一种阶段性的平衡价格，也是该时点的合理价格。

分析市场，重要地是要确切地知道我们处于一种什么样的市场状况。记得有本书上是这样表述的：Know exactly what the markets condition．“运动到位”就是我们应该知道的一种市场状况。

**第二，价格的成交密集区容易形成合理价值区间**

一般地，当价格运动到某一区域时，如果该区域的成交量很大而不易被价格穿透，通常表示该区域既存在支撑也存在阻力，也就是该区域可能为该阶段的合理价值区间。

当一个方向的成交量很大而价格不能被有效突破的时候，先期进场的交易商往往会选择平仓离场，待市场方向明朗后再做定夺。该平仓力量会加大价格突破的难度，从而使该处的阻力更加有效。而当价格向反

方向运动不能有效突破的时候，同样的平仓情况也会出现，从而使反方向又形成支撑。这样，“上有阻力，下有支撑”的情况持续一段时间，合理价格区间就形成了。

**第三，价格永远存在向其他价值区间运动的欲望**

影响市场价格的各种因素处于永恒的变化过程中，不同时期或不同阶段影响市场价格的主要因素也各不相同。这些变化将会影响市场多空力量的平衡，从而促使价格向其他价值区间运动。

价格向其他价值区间的运动欲望会有两种结果，一种是这种运动欲望无法打破既有的多空力量的平衡，价格重新回到价值区间运行；另一种是这种运动欲望打破了市场多空力量的平衡，致使新的平衡取代旧的平衡，促使价格形成新的价值区间。

事实上，所有价格运动都有产生合理价格区间的趋向，所有价格也都有向其他价值区间运动的欲望，而所有的价值区间最终都会被新的价值区间所取代。

**第四，价格在合理价值区间之间的运动形成趋势**

如我们前面所说，价格有从一个合理价格区间奔向另一个合理价格区间的欲望，并且由于旧的价值区间会被新的价值区间取代，因此这种欲望最终会得以实现。如果新的价值区间高于原有价值区间，市场就形成了上升趋势，反之则为下降趋势。横盘整理趋势可以被认为是价格在合理价值区间内蓄势。可以这样认为：价格运动就是对合理价格区间的寻找确认过程，这种过程的表述就是趋势。

**第五，合理价格区间对趋势具有减速作用**

如果我们认为趋势是价格对合理价格区间的寻找确认过程，那么很明显，一旦价格寻找到了合理价值区间，就会产生“运动到位”的现象。而合理价值区间“上有阻力，下有支撑”的特性会使价格运动出现减缓。因此说：合理价值区间对趋势具有减速作用。

**第六，价格在合理价值区间的运动失败构成价格的顶部或底部**

市场价格永远存在向其他价值区间运动的欲望，但并不是所有这种运动都能形成新的价值区间。如果向某一方向寻找新的价值区间的努力失败，价格就将转向另一方向寻找新的合理价值区间。在这个过程中，价格脱离价值区间向另一价值区间的运动失败，有可能成为某一方向运动的终结，而这种失败的运动过程形成的高点或低点就成为了价格的顶部或底部。

## 3.如何用“合理价格区间”的概念分析市场

用“合理价格区间”的概念来分析市场，主要价值在于发现价格突破“合理价格区间”的机会以及“运动失败”的机会。

**第一，我们首先应该弄清楚价格处于什么状态**

如前所述，弄清楚价格处于什么状态对理清我们的分析思维至关重要。

按“合理价格区间”的概念，价格无非有两种状态，一是“在合理价格区间内运行”状态，一是“在合理价格区间外运行”状态。价格在不同状态有不同的表现和特性，对我们看清市场实质的启迪也有所不同。

**第二，观察价格在“合理价格区间”内的运动**

根据“合理价格区间”的特性，价格在区间内“上有阻力，下有支撑”，所以我们对价格在区间内的运行，主要是观察其对上下方的冲击力度是在增强还是在减弱。按常规而言，如果价格在区间内的运动方向与总的趋势方向相一致，那么该运动的力量应该是逐渐增强，以至于最终有效突破该合理价格区间。而与总的运动趋势方向相反的运动力量则应逐渐减弱，这样价格总的运动趋势才能得以延续。

如果价格在“合理价格区间”内的运动背离了上述常规情况，即与总的趋势相反的运动力量逐渐增强，价格最终向趋势的反方向突破，那么市场是在用它的语言告诉我们：价格趋势有可能发生翻转。

值得注意的是：对价格运动的观察应该在排除突发消息的情况下进行。因为价格变化在突发消息的作用下容易产生失真，我们应该把这种失真过滤掉，这样得到的才是真实的市场反应。

**第三，观察价格在“合理价格区间”外的运动**

如果价格已经突破合理价格区间，那么我们关注的焦点就是形成新的合理价格区间的可能性以及新的合理价格区间大致会在什么位置形成。

价格有效突破合理价格区间，说明由于各种市场因素的累积，市场平衡被打破，价格趋向于在新的价位达成平衡。而价格能否在新的价位达成平衡，以及新的合理价格区间大致会在什么位置产生，我们主要还是应该通过在原有合理价格区间的时间段内人们的心理发生了哪些变化来判定。另外，用“价格试探法”的视点进行观察也不失为一个好办法。

所谓“价格试探法”，就是这样一种观点：市场价格反映的是有预测力的人们的行为，并且包容了影响市场的各种信息以及各种要素对市场的作用，所以市场价格不断地向各个方向试探，以正确反映现在人们所认可的期货价格（当然，这种试探并不总是代表合理的期货价格），最终通过试探找寻到人们都认可的期货价格。

通过观察原有合理价格区间的时段内人们的心理变化（这种变化是基于基本面因素引起的）以及利用价格运动过程中的“价格试探法”视点，我们大致可以估计到价格是否有能力形成新的合理价格区间。另外，还可以大致预估会在什么价位形成新的价格区间。这种方法实际上类似于从基本面和技术面来观察市场：只有当基本面和技术面相一致的时候，对合理价格区间的突破才是真实有效的突破；反之，价格形成新的价格区间的努力就可能归于失败。

如果价格无法形成新的合理价格区间，从原因上来说，应该是形成新的合理价格区间的理由不充分，从盘面来说，表现就是价格的试探失败。

市场中一个比较典型的试探失败是这样的：价格大幅上冲达到一个新的高位，当日的成交量很大，但是当日的收盘价大跌，出现了当日的收盘价格比上个交易日的收盘价格还低的现象，这就是一个典型的试探失败。这种现象说明价格在该处具有强阻力，同时收盘价越低，即试探的价格被震开的距离越大，就说明该处的阻力越强劲。

在价格出现试探失败后，后面几天的价格运行情况以及下一次对该方向的再一次试探的表现情况就非常关键。对与趋势同方向的价格区间的试探失败隐含趋势反转的可能。

**第四，将寻找价格脱离合理价格区间的因素作为分析重点**

我们前面在“价格试探法”里曾经提到过，在利用“价格试探法”的同时还应该观察原有的合理价格区间的时间段内人们的心理变化。实际上促成这种心理变化的是该时段内基本面因素发生了变化，这种变化通过影响人们的心理导致多空力量的失衡。因此，认真研究该时段促使价格脱离合理价格区间的因素，有利于我们判断价格运行的力度，也就是有利于我们判断价格能否形成新的合理价格区间以及新的合理价格区间大致在什么位置。

## 五、关于基本分析和技术分析

如我们所知，市场分析方法包括基本面分析和技术面分析。其中技术面分析的立足点是分析价格运动自身所携带的信息，而基本面分析则是侧重于导致价格运动的原因。从因果关系来说，技术分析侧重于“果”的分析，基本面分析侧重于“因”的分析。俗话说，“凡人重果，菩萨重因”，似乎基本分析比技术分析更重要。然而由于基本面的改变是日积月累的渐进过程，通常不容易被人及时发现，因此从实用主义的角度出发，我们在市场分析中通常把基本分析和技术分析结合起来使用，这样才能在市场中占得先机。

### 1.关于基本分析

就一般情况来说，市场价格不会过分偏离基本面情况。如果一波运行的行情没有基本面作后盾，那么这波行情可能会发生，但不会长久。

相对于技术分析而言，基本面分析的一大好处就是可以从整体上把握行情走势，从而避免沉迷于当前价格涨跌的分析，避免只见树木不见森林的现象。

作为基本面分析的有效手段，我们可以采用影响因素打分法进行分析。所谓影响因素打分法，就是把影响价格运动的所有因素进行分类，按其对价格的影响分为有利因素和不利因素，按其今后对价格的潜在能量和潜在作用力大小进行评估打分，最后把有利因素和不利因素的总得分进行对比，从而推测价格运动的各种可能。

值得提及的是：影响因素打分法并不是严谨的科学分析方法，评估给分的分值大小没有标准，但是打分法作为市场分析的手段还是相当有效的，在应用过程中我们要注意以下几点：

**（1）关注三大要因**

要特别关注影响价格变化的三大要因，即：供给量和需求量的变化以及它们的对比、人们的预期、宏观市场环境的变化所导致的商品价格的重新定位。

**（2）经常重估影响因素**

由于影响因素对价格的影响力大小处于不断变化中，一部分影响力可能已经包含在市场价格中，因此我们首先应该经常对影响因素进行重新评估，经常审视基本面变化的情况与市场实际对应的情况。另外还要考虑各个影响因素可能发生的变异，即影响因素对价格的影响会产生恶化还是有所改善，并且把这个变化的倾向纳入记分的分值考虑中。

**（3）市场对突发信息的反应方式应该作为一个重要因素进行考虑**

有时候市场会对一些突发消息做出异常反应。比如说利多消息出来价格不涨，或者利空出来价格不跌。这种异常反应本身不是市场的影响因素，但它对市场价格走势会起很大指导作用，因此应该把这种反应纳入考虑的范畴。

以铜为例来说，如果南美由于罢工出现了几个大型矿山停产的现象，而市场价格对此没有反应，或者稍微上涨后价格又再次回落下去，那是否意味着价格下行的压力很重呢？

**（4）观察市场如何解读影响因素**

市场如何解读影响因素极为重要。市场对影响因素的解读并不是简单的“供应增加，价格下降”。对同一个因素，在不同阶段，市场的解读可能完全不同。比如说美国加息对铜价的影响。一部分人会认为加息说明美国的财政政策向收紧银根方向发展，因此铜价会出现下跌；而另一部分人认为美国加息说明美国经济开始好转，因此铜的需求会增加，铜价会出现上涨。孰是孰非，并不能一概而论。这个时候的关键是要看市场是如何解读这些因素的。要观察总体的市场气氛，以此作为市场评估的一个参考因素。

**（5）要考虑纳入因素打分表中的各个影响因素的有效性**

各个因素对市场价格的影响力是不一样的。不论我们自己认为理由多么充分，如果市场不理会某一个因素，那么这一因素在现阶段对价格的影响力就为零，在影响因素表中就没有必要罗列出来。

另外一种情况是，某种因素在现阶段对市场没有什么影响，但是随着时间的推移这种因素的潜在影响将会作用于市场。这种有潜在作用的因素也应作为有效因素考虑进去。

**（6）不能简单地从企业的承受力来推断其对价格的影响**

企业的承受力确实是影响价格的一个因素，特别是当价格下跌到接近企业的生产成本的时候更是如此。但是由于各个企业之间的差异比较大，企业的平均承受力到底处于什么程度很难界定，所以以企业的承受力推断市场走势不大可靠。另外，价格变化本身是市场运动的结果，而市场运动作为一种市场现象本身也有淘汰落后产能的作用。市场规律应该是企业适应价格，而不是价格适应企业。因此我们应该对相关企业的成本及运营环境予以关注，但不宜作为重要分析依据。

以此观点来看，即使铜价跌破生产成本，也并不能据此认为价格不会继续下跌。把企业的承受力作为影响因素，在分值上要慎重。

（7）**根据影响因素打分后，必须给推测的可能价格运动留出价格想象空间**

在根据上述思路打分后，我们可以把有利于价格运动的得分和不利于价格运动的得分进行比较。一般而言，如果两者分值相差较大，则价格运动会比较清晰；反之，出现反复的几率就比较大。

市场价格到底会如何运行，不能简单地依据得分高低进行判断。实际分析中，我们应该给自己的判断留出价格想象空间，同时还要分析一下反方向的想象空间有多大。

比如现在铜价在60000元/吨的水平，根据打分的结果，估计铜价还有上升空间，那么我们就应该考虑：如果铜价上升到65000还有没有上升空间？铜价上升到65000会有一个什么样的情况出现？如果这些反应都很好，那么铜价上升的价格想象空间就比较好，价格上升的几率也比较大。反之，如果价格缺乏进一步的想象空间，那么分析的结果就应该慎重考虑了。

（8）**分析差异**

要高度重视市场走势与影响因素分析法的结论不符合的地方，找出原因，重新分析。

（9）**影响因素打分法参考表5-2：**

表5-2

| 因素 | 得分 | 影响因素的变化趋势 | 考虑影响因素变化趋势后的修正得分 |
|---|---|---|---|
| 供应变化情况（库存、产量、进口数据、气候等） | | | |
| 需求变化情况（购买力、出口、消费等） | | | |
| 当前经济周期 | | | |
| 人们的预期 | | | |
| 商品价格重新定位 | | | |
| 对突发消息的反应方式 | | | |
| 市场反应方式 | | | |
| 市场解读方式 | | | |
| 潜在的影响因素 | | | |
| 企业经营环境（成本、销售等情况） | | | |
| 价格想象空间 | | | |
| 货币政策走向 | | | |
| 汇率的影响情况 | | | |
| 特殊事件的影响（战争、罢工、封锁、禁运等） | | | |
| 国际市场价格走向及其影响力 | | | |
| 投机资金的影响 | | | |
| 季节的影响 | | | |
| 替代品的影响 | | | |
| 其他 | | | |

## 2.关于技术分析

技术分析是市场分析的有效手段。

当前关于技术分析的书籍可以说是汗牛充栋，技术分析指标也可以说是五花八门。认真参悟一些重要的技术分析指标，有助于我们提高市场分析能力。

学习市场分析，重要的是不能照搬书本理论或者简单应用技术分析指标。实际上，每一个技术分析理论都依托于一个相关的市场原理，其目的都是试图了解当前市场多空力量的对比以及今后可能的力量对比情况。如果我们能够勘破技术分析理论后面的市场原理，再在此基础上应用技术分析方法，那么我们的分析就会更有成效。

下面以我们大家都很熟悉的扇形原理为例。

根据扇形原理，期货价格跌破上升趋势线或者突破下降压力线，并不表示趋势已经发生了反转。但是如果期货价格连续突破三根趋势线，那么基本可以确定其形态为顶部反转或者底部反转。如图5–4和图5–5。

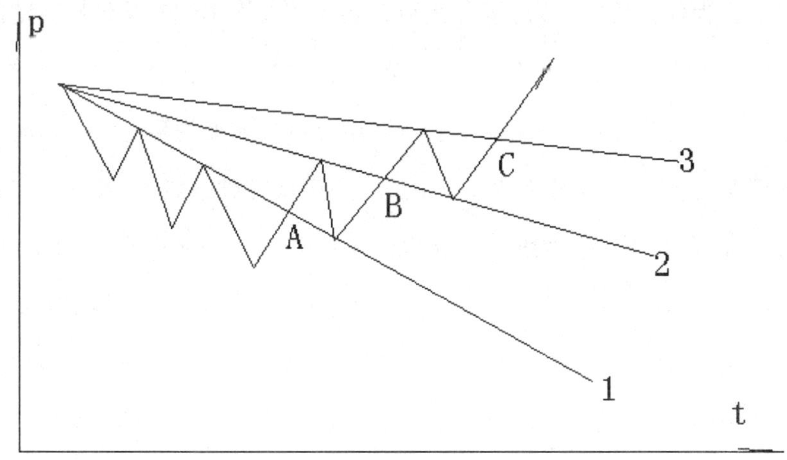


图5–4

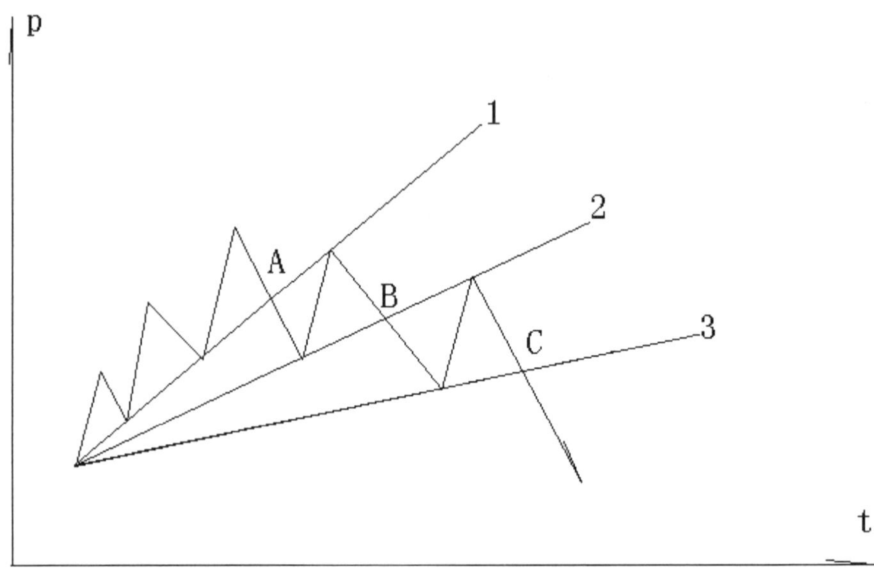


图5–5

在上面两图中，其买入点或者卖出点为C点。

那么为什么价格运行到C点后可以买入或者卖出呢？从价格运动的力量变化来说，当价格突破趋势线1后发生回档，趋势线1如果能有效地从阻力线转变为支持线（图5–4）或者由支持线转变为阻力线，这时多空的力量对比已经出现了些微变化。而当价格突破趋势线2发生回档，趋势线2也有效地从阻力线转变为支持线（图5–4）或者由支持线转变为阻力线，则多空力量对比出现的变化就得到了强化，或者说多空力量对比的变化确实已经发生，而且在继续转化。在图5–4中，由于多头的力量在持续增强，空头的力量在持续减弱，价格在第二次回档后突破第三根趋势线的C点当然就是买进的机会了。（对于图5–5则是卖出机会）

上述的整个分析过程中，我们不是仅仅从图形这个表象中看问题，而是深入到扇形原理成立的基础——市场内部力量的变化中考虑问题。因此在具体应用中，一些特殊情况下类似扇形的情况就会引起我们的警惕，就会避免一些错误的分析。

要有效利用技术分析，用波动的眼光来看待价格运动并且自己动手画图相当重要。因为这样做有利于体会市场的力量转换情况。

从以往的经验来看，技术分析存在以下现象，虽然这些现象没有得到验证，并不完全可靠，但是可以作为分析参考：

①对称性

在排除市场价格重新定位的前提下，市场运动存在对称性。即价格回落可能成为价格上涨的镜象。所以有人说：价格从哪里来就会回到那里去。这句话虽然不完全正确，但是有一定道理。我们从LME长期图表就可以得到证实，见图5-6。

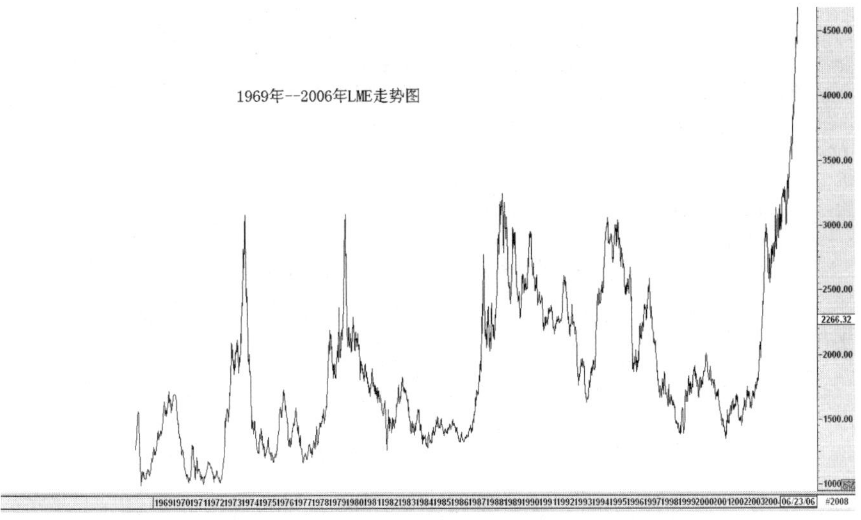


图5-6

②惯性

在影响因素没有变异的情况下，价格运动存在惯性，即价格保持前期运动的可能性比较大。

③相似性

历史经常会重演，但是完全相同的行情永远没有，行情走势只是相似，但不会雷同。因此要注意：守常者败，知变者胜。

## 六、如何盯盘

盯盘是期货交易中耗时最多同时也是最重要的工作之一。盯盘的目的就是结合当前基本面实际，通过密切观察盘面买卖力量的变化过程来了解市场交易心理，并进而推测价格的可能演化轨迹。

做好盯盘工作，就是要做好与市场的沟通和对话。就像对待一个朋友一样，我们每天都要和市场这个朋友谈心、交流，这样才能知道这个朋友每天都在想什么，才能做到有效沟通，才会不至于发生误解。缺乏与市场的有效沟通，只会使我们与市场的隔阂越来越大，最终的误会可能会使我们做出完全错误的判断。

在与市场的沟通过程中，市场盘面变化的数字就是市场的语言。我们盯盘过程中所要做的，就是耐心地去听懂这些市场语言。我们不能指望市场语言符合我们的期望。我们遵从市场语言的指示就是和市场最好的沟通。如果我们不能听懂市场语言，那最好是远离市场，否则很可能遭到市场的惩罚。

由于基本面研究的是价格为什么运动的问题，而盘面研究则是回答价格如何运动的问题，因此可以考虑把盘面研究归入技术分析的范畴。

做好盯盘工作，以下几点必须高度注意。

## 1.选择重点关注的合约

即使我们只交易一个期货品种，我们也无法同时观察该品种的所有合约。正确的做法是选择成交量大的主力合约和当月合约进行观察，另外还要留意合约间的基差。这样做的目的是通过观察主力合约了解总体价格的变化，通过观察当月合约了解现货与期货的关联情况，通过观察合约间的基差了解市场对价格运动的信心以及合约间的套利机会。

## 2.根据市场的不同类型观察市场价格的变动情况

与价格运动的不同阶段相对应，市场拥有不同的类型和性质。我们可以把市场分为平稳型市场、力量积聚型市场、运动型市场。分清当前市场属于什么类型的市场，有利于我们更好地领悟市场表现所代表的含义。

**（1）平稳型市场的观察**

平稳型市场是指在一段时间里，多头和空头的力量基本平衡，买卖双方的交易兴趣淡薄，价格起伏变动不大的市场。

平稳型市场就像一个波澜不惊的湖面：湖水清澈见底，可以看清水中的各种景物；价格平静，有利于观察各种作用因素在维持价格中所起的作用。对一个平静的水面，一枚小小的石子就可以激起层层涟漪；对一个平静的市场，一个小小的变故就会促使价格做出相应的运动。因此，对平稳型的市场，主要应该观察各种影响市场的因素在市场平衡中所起的作用以及偶发因素对市场的作用情况，并注意观察平衡市场中的各种力量逐渐积聚情况。

（2）**力量积聚型市场的观察**

力量积聚型市场分两种：一种是平衡型市场向运动型市场转换过程中的力量积聚，我们在这里姑且把它称为初始积聚；另一种是市场在回撤过程中的力量积聚，我们把它称为回撤积聚。

初始积聚市场有点类似于我们中学物理所学过的物体从静止到运动的过程：最初物体会由于惯性保持静止状态，而市场会由于惯性保持价格波动不大的基本平衡状态，之后由于作用于物体上的某一方向的合力逐渐增大，当该合力增大到一定程度的时候，物体脱离临界状态开始运动，而市场也会由于某一方向力量的逐渐增强出现价格向某一方向的运动。因此对于初始力量积聚型市场，我们在盯盘中应重点观察某一方向力量变化的可持续性，并以此作为预判价格运动的重要依据。

回撤积聚型市场中的力量积聚，主要是指价格发生回撤时，回撤力量逐渐耗尽、原价格运动方向的力量再次主导价格的过程。由于价格发生回撤的两个原因一是由于市场的获利回吐，一是由于趋势运动过于猛烈导致价格与基本面不相匹配，所以对回撤积聚型市场的观察，主要是着眼于两点，即获利平仓盘的平仓程度以及人们心理对价格的接受程度。这两点的关注点则在于持仓量的变化情况以及对应的价格回撤幅度是否适应了交易者心理。

（3）**运动型市场的观察**

运动型市场是指市场中的价格从一个价值台阶向另一个价值台阶运动。在这个市场里，我们主要应该对以下三点进行观察：

①价格运动的难易程度

价格运动的难易程度表现为价格运动的阻力情况，而价格运动的阻力情况可以通过市场的成交量大小来考察。

如果市场出现成交量较小、价格运动距离较长的情况，那么这种市场的价格运动所遭遇的阻力就比较小，价格运动就比较容易。

如果市场在某一价位附近的成交量比较大，说明价格在该处的阻力比较大，价格运动有一定难度。

某一价位附近的大成交量，往往类似于战争中的重大战役：成交量越大，战役的重要性也越大。而战役的结果取决于双方力量的碰撞，价格最终的运行方向并不取决于成交量的大小。因此有一定难度的价格运动并不一定是失败的价格运动，它有可能成为价格运动的转折点，但是也可能奠定以后价格大幅向前运动的基础。

二次世界大战中，斯大林格勒战役是一次非常重要的战役。在这场战役中，德军损失了150万军队以及2300多架作战飞机，从此由战略进攻转为战略防御。斯大林格勒战役是一个重要的战略转折点，价格对该价位的冲击，就有点类似于德军对斯大林格勒的冲击了。

价格多次冲击某一价格区间而不能突破，同时冲击的力量越来越弱，最终在图形上留下了双顶或者双底，三顶或者三底，说明价格运动的难度非常大，并在此区域形成了转折，也就是我们常说的转势。这也是重要的战略转折点。

在解放战争中的四平战役中，国共双方投入了大量兵力，四平城几次易手，争夺非常激烈：首先是1946年3月15日至3月17日的四平解放战，东北民主联军从国民党手中夺取了四平城；其后是1946年4月18日至5月18日的四平保卫战，国民党重新占领四平城，并一直追击东北民主联军至松花江边；再后来是1947年6月11日至6月30日的四平攻坚战，国民党以3万多人的兵力对抗东北民主联军10万兵力的进攻，最后竟然守城成功。最后是1948年3月4日开始至3月13日结束的四平收复战，以四平的最终解放而结束了四平战役。整个四平战役，双方共投入兵力40万人，累计战斗数十天。四平战役的最终结果是切断了国民党从沈阳到长春之间的联系，为1948年9月开始的辽沈战役做了重要铺垫，而辽沈战役的胜利，从根本上改变了国共双方总兵力的对比，对此后的历史进程起到了非常关键的作用。

价格运动过程中也有类似于四平战役的情况：价格屡次冲击某一价位，屡冲不过并不说明该价位就是铁顶或者铁底，这种情况只是说明价格突破该价位比较困难。价格第一次冲击某一价位失败，说明价格突破该点的时机不成熟；第二次冲击失败，但有可能回落后更接近冲击的目标价位，说明此时的基本面情况和盘面心理已经出现改善。时机虽然不完全成熟，但是还会有突破的机会。之后在时机完全成熟的时候，该价位就会被最终突破。而一旦这种关键价位被突破，市场就会像辽沈战役后的形势一样，市场运动相对顺利。因此，观察价格运动的难易程度，要注意区分当前价格是处于“战役进行时期”还是处于“胜负已判时期”，这样才有利于我们更好地把握市场。

除了通过阻力情况观察价格运动的难易程度外，还可以通过观察价格运动的距离变化来了解价格运动的难易程度。在海边看过潮汐的人知道，如果海潮上涨的幅度越来越小，那么慢慢地海水就会逐步进入退潮时期。同样地，如果每次价格运动的成功距离越来越小，则可以认为向该方向的运动难度在逐步加大。

②市场内部力量的强化和弱化

如果我们能够通过盯盘观察到市场某一方向的力量在逐渐增强或者在逐渐减弱，那么我们就可以较好地把握短期价格走向，这对我们在后面提到的“进出市时机的选择”非常重要。

观察市场内部力量的强化和弱化没有行之有效的方法，只能依靠长时间的观察积累“盘感”来实现。通过盘面观察，我们可以注意到买方或者卖方下单的“坚决性”，而另一方则可能处于一种“消极抵抗”状态。这样，我们就会形成一种底部支撑逐渐抬高或者上方压力逐渐下移的感觉，这就是“盘感”，它体现的是盘面力量的强化或者弱化情况。

当日的市场力量变化情况只能通过盯盘来了解，几天内的市场力量变化情况可以通过趋势线的斜率变化情况进行分析。如果逐渐强化的市场力量的方向与基本面方向一致，后期的市场价格将会因此产生“共振”，并可能如索罗斯的反射理论所言逐步强化并发展至非理性阶段。因此这种情况下的价格运动很值得期待。反之，如果逐渐强化的市场力量的方向与基本面方向不一致，那么后期的价格运动可能会因此产生一定的“回撤”。这种可能的“回撤”可以用于入市点位的选择。

③市场本身能量的释放情况

市场能够形成一波行情，一定是基本面与当前价位存在不合理的地方，或者是基本面的发展使当前价位显得不合理。这就类似于一个弹簧：当基本面因素与当前价位相矛盾的时候，弹簧被压缩，能量逐渐积聚；当价格发生运动的时候，弹簧被放松弹开，能量得以释放。因此，观察运动型市场中能量释放的程度，有利于判断价格运动的可持续性。

### 3.观察盘面交易中主动盘的情况

主动盘是指交易中的主动买盘和主动卖盘，它在市场中的意义完全不同于平仓盘。这是因为在交易过程中，只有主动方才可以使价位按其方向运动，而被动盘如平仓盘（不含割肉盘）则无法使价位按其方向运动。造成这种情况的原因是主动盘（含主动割肉盘）都含有价格运行的动量，而平仓盘对价格方向的影响不具有代表性。因此，综合观察主动盘方向、主动盘量的大小以及主动盘的数量变化情况、价格在主动盘作用下的运行距离有利于我们把握市场内部的动力情况。

主动盘增加，价格运动会得以保持甚至强化；主动盘减少，价格运动可能会产生一定变数。主动盘的情况，可以套用技术分析中的成交量、持仓量和价格的关系进行考量。现将技术分析理论中该三者的关系汇总如下：

第一种：成交量增加，持仓量增加，价格上涨，表示支持价格上涨的主动盘增加，价格上涨动力增强，可能继续上涨。

第二种：成交量减少，持仓量减少，价格上涨。表示支持价格上涨的主动盘减少，但是有可能出现了主动割肉盘，价格仍然有继续上涨的可能。

第三种：成交量增加，持仓量减少，价格上涨。表示支持价格上涨的主动盘减少，但是主动割肉盘的量增加，价格继续上涨的概率加大。

第四种：成交量增加，持仓量增加，价格下跌。表示支持价格下跌的主动盘增加，价格下跌动力增强，可能继续下跌。

第五种：成交量减少，持仓量减少，价格下跌。表示支持价格下跌的主动盘减少，但是有可能出现了主动割肉盘，价格仍然有继续下跌的可能。

第六种：成交量增加，持仓量减少，价格下跌。表示支持价格下跌的主动盘减少，但是主动割肉盘的量增加，价格继续下跌的概率加大。

在上面的六种类型中，凡是主动盘减少的情况都有可能导致价格运动产生变数，因此要特别注意。

另外还有一种情况，就是市场中主动盘很少，同时平仓盘也基本耗尽的情形。在这种情况下，市场价格运动的不确定性将非常大，原有的运动趋势可能发生改变，我们应该加大后续情况的观察。

成交量和持仓量关系中需要明确的一个概念是：持仓量说明过去的资金流入流出情况及建仓平仓情况，而成交量则说明现在的资金流入流出情况及建仓平仓情况。这一点对于判断资金流向非常重要。

## 4.正确区分市场情绪与市场理性

一般情况下，市场会在人们的理性指导下运行。但在一些特定的场合，市场情绪可能脱离市场理性，从而使市场进行非理性运动。

极度狂热的情绪可能使价格出现非理性上涨，极端悲观的情绪可能使价格出现非理性下跌。不论是非理性上涨还是非理性下跌，市场的非理性情绪都可能导致市场产生阶段性的极端价格，并因此形成价格的顶部或者底部。因此在日常盯盘过程中，注意观察市场情绪和市场理性的差异有利于把握价格的阶段性转折点。

2008年底，整个商品价格下跌到极端价位，市场一片看空声音，部分经济学家甚至断言世界经济“从此进入负增长时期”。在这种大环境下，铜价跌破了国内一些最好的矿山的生产成本，极度悲观的情绪促使价格出现了非理性下跌，并因此向下冲击形成了价格的底部。如果能够在一片看空声中保持理性，把握价格的底部机会就不是太难的事情。

在另外一种情况下，市场情绪与市场理性虽然存在差异，但是这种差异还没有形成转折点，价格仍在市场情绪左右下运行。这是我们需要等待市场情绪与市场理性的差异扩大到无法持续的程度，并把这种时机作为市场研究的重要成果提交到市场研究报告中去。

### 5.观察市场不正常表现的机会

化学实验中我们常常用到化学试纸来检测样品的酸碱度，而期货市场对重大消息的反应往往也能够起到市场试纸的作用。

当重大利好消息出来价格不涨，那么市场将没有其他力量可以促使价格上涨。市场上涨方向的道路可以说已经被切断，价格就只有保持现状或者转而向下了。同样地，当重大利空消息出来价格不跌，那么价格就很可能出现上涨。这就是我们在盯盘中要注意的市场的不正常表现的机会。

### 6.注意当日收盘走势以及当月合约最后交易日的表现

经过一天的多空争夺，市场中当天的买卖力量都已经显现，市场的强弱之分也已经明了，当天的走势对次日的影响已经可以判定。因此，盯盘中对于价格的尾盘走势要给予充分关注。

当月合约运行到最后交易日就会进入交割。我们可以根据最后交易日该合约的持仓量判断交割数量，推测交货或者接货意愿，并根据当月合约在最后交易日的价格走势观察市场对实物的需求情况。因此，当月合约最后交易日的表现也是盯盘过程中应重点关注的因素之一。

## 7.防止盯盘中出现只见树木不见森林的现象

在每天的盯盘过程中，价格的起伏涨跌一定会在我们的思维深处留下印痕，每天的交易机会也会使我们怦然心动。当日的价格涨跌会使我们丧失长远的眼光，局部的交易机会会使我们沉迷于短线交易。一叶障目，我们将看不到整体市场大势。因此在盯盘过程中，我们不应将眼光局限于当前的涨跌，不应过分看重短线机会，特别是当日的短线机会，而应把当前的价格变化放到市场的整体大局上进行权衡。在平时的盯盘过程中，要坚决杜绝只见树木不见森林的现象发生。

## 8.要注意消除期望心理

前面我们在第四章第八点说过，在市场中我们应该坚持市场第一位的原则，忽视自我存在。上述原则具体落实到盯盘过程中，就是要做到消除期望心理。

在社会生活中，希望是我们前进的动力，但是在交易场中的“期望”不同于“希望”。它是指不顾市场实际，内心中期望价格朝有利于自己头寸方向运动的一种情绪。实际上，它是一种“幻想”。

当我们尊重了客观现实，尊重了客观规律，我们就有了成功的希望，这时我们所拥有的是希望。当我们没有仔细分析市场，没有尊重客观现实，我们把成功的希望寄托于运气，寄托于突发事件，这时我们所拥有的仅仅是“期望”，或者说叫做“幻想”。事实上，在交易场中，“期望”越多，失望也越多，成功的希望也越渺茫。

我们在盯盘的时候，手中经常会持有一定仓位。如果我们被期望所左右，我们就会把自己的命运托付给“期望”，指望价格朝着有利于自己的方向发展。我们就不会再去仔细倾听市场的声音，从而使自己与客观实际隔绝开来，对市场发出的明显的警示信号也会视而不见。市场按我们“期望”的方向运行一分，我们的“期望”就会得到一分强化；而市场与我们的“期望”反方向运行一分，我们就会多一分焦虑不安。

如果我们在市场中持有了错误的仓位，那么继发的可能错误就是对价格发展心存幻想，思维被“期望”所左右。“期望”使我们在市场中远离理性，当然也就远离了成功。

那么如何消除“期望”呢？简而言之，消除期望就是不要把市场与自己的切身利益联系起来。在盯盘的时候，不要去考虑自己的持仓、自己的盈亏，更不要去想价格上涨到什么位置我就会怎么样怎么样，价格下跌到什么位置我又会如何如何。盯盘过程是一个研究过程，既然是研究，就与个人的切身利益无关。只有了解到这点，我们的思维才会保持理性。因此，“消除期望心理”是我们盯盘过程中一个很重要的要求。

### 9. 盯盘过程中要细心体会价格的波动性

价格运动具有波动性。认真体会、琢磨价格运动的波动性有利于把握价格运动的方向。

把握价格运动的波动性要注意过滤市场的短期波动。市场短期波动的能量对整体价格运动的影响不大，因此不必太在意短期波动的涟漪对市场的影响。盯盘的关注点应该是在明确长期趋势的前提下，把握好中期趋势的转折点，也就是把握中级波浪的产生及消亡。所以盯盘过程中要特别提醒自己：要以中级波浪的观点观察当前价格波动。

### 10.盯盘过程中要注意寻找价格运动的着力区

通过盯盘，配合当时的市场心理及影响市场的即时因素，我们可以发现市场价格的某一区域在价格运动中基本没有突破的可能。比如价格基本不可能跌破某一价位。在这种情况下，我们可以把该区域作为价格向上运动的着力区，或者叫做安全区。发现市场运动的着力区，对于指导短期操作具有重要意义。

### 11.盯盘过程中要注意对峙一方的退出

中国古时候的战争讲究两军对阵，这实际是两种巨大力量的对峙。两军对阵中不论是战斗尚未开始，或者是战斗正在进行，如果对峙的一方有退出的情况出现，该方一定会兵败如山倒，出现崩溃的局面。

价格运动过程中也可能出现多空力量严重对峙。这种情况下一方的退出也一定会导致该方阵营的崩溃，促使价格出现井喷行情。因此在盯盘过程中要注意对峙一方退出的情况。

### 12.坚持每天写盯盘日记

写盯盘日记有利于理清思路，同时也有助于把今天自己对市场的认识与今后市场的实际发展作比对，看看自己听懂了市场语言中的哪些部分，有哪些市场语言是我们没有听懂或者错误理解了的，这样我们听懂市场语言的能力就会逐渐提高。

# 七、从现货角度看期货价格走势

从现货角度看期货价格走势，往往使我们少一分浮躁，多一分冷静，可以使我们更好地把握价格运行的主流方向。

期货就是未来的现货，因此期货与现货既有天然的联系，又有一些不同之处。

从影响市场价格的因素来看，期货与现货最大的不同在于期货合约可以作为投资工具，因此期货交易中包含有相当的投机成分，而投机成分在现货市场则相对较少，特别是在一个有对应期货品种的现货市场上，利用现货进行投机的意义不大（囤积居奇、利用现货拉抬期货是非正常情况下的特例）。由于少了这一层投机成分，同时也少了期货保证金杠杆的放大作用以及合约到期的紧迫心理，通过现货市场观察价格走势，就可以有效避免期货市场中的心理浮躁，更方便我们清醒地认识市场各个要素。这就是从现货角度观察价格走势的优点。

从现货角度可以观察期货价格走势。由于期货就是未来的现货，因此影响现货市场的基本因素也是影响期货市场的基本因素，现货市场的供求关系也决定期货市场的基本方向。我们难以想象现货市场供应极其紧张，期货价格却不断下降的情景。同样，现货市场供应过剩，期货价格却节节攀升也是不正常的。我们前面所谈到的囤积居奇、利用现货拉抬期货的现象也说明现货的供求关系决定期货价格的运行方向。

除了现货供求关系决定期货波动方向外，现货市场供求关系的紧张程度与期货市场价格涨跌幅度也是呈正相关关系的。现货物资越紧张，期货涨幅也就越大；现货过剩量越多，期货下跌的幅度就可能越大，下跌时间也可能越长。

由于期货是对未来价格的预测，并且这种预测的价格经过市场认可，因此一般情况下现货价格会跟随期货价格运行，即期货涨现货也涨，期货跌现货也跌。但是如果某一时期现货价格对期货价格的变化响应不积极，甚至完全不响应，出现了期货价格与现货价格相背离的现象，那就说明期货预测过于超前或者出现了偏差，期货价格缺乏实际的供求关系的支持，最终期货价格会出现调整。（这种现货对期货的响应情况应重点关注当月合约与现货的互动情况）

现货价格说明现货的供需情况，期货价格反映人们的预期情况。

## 八、加强市场合约价差结构研究

市场远近合约间的价差情况也能在一定程度上预示后期的价格走向。

上涨行情中，若远期合约价格远远高出近期合约价格，一方面说明市场看涨气氛浓厚，另一方面也说明现货市场对价格上涨比较滞后，有可能拖累价格上涨的势头。

如果上涨行情中，近期合约价格远远高于远期合约，说明市场现货供应紧张，价格上涨有现货基本面作支持，价格的上涨空间仍然可以期待。

下跌行情中，若远期合约价格远远低于近期合约价格，一方面说明市场下跌气氛浓厚，另一方面也说明现货市场的下跌速度较期货市场慢，市场有受到支撑的可能。

同样还是在下跌行情中，如果近月合约价格远远低于远期合约，说明市场需求相当疲弱，价格还有下行空间。

合约价差反映的情况能正确反应现货市场与期货市场的关联情况，也能正确反应交易者的心理预期，值得我们关注。

## 九、坚持市场分析的“三位一体”原则

一个侧面、一个方法来观察分析市场往往容易失之偏颇，“盲人摸象”的故事教育我们应该以全面的、全局的观点来分析问题，解决问题。因此在市场分析中我们一定要坚持“三位一体”的原则，即当一个结果同时受到基本面因素、盘面因素以及市场表现三个因素的支持时，该分析的结果才比较可信。对于不符合“三位一体”原则的市场分析结果，要谨慎对待，找出其中不相符的原因，这样才能保证我们市场分析的质量。

# 十、制作市场研究报告

我们前面讲过，市场分析的目的是得到可能的价格运动轨迹，但是这个目的仅仅是市场分析时段的暂时目的，市场分析在实战阶段的目的是发现战役性市场机会。

在得到可能的市场运动轨迹后，我们会发现可能的战役性市场机会。在有战役性市场机会的时候，为了有效利用这些机会，同时作为以后的操作参考，我们有必要制作市场研究报告。

根据我们前面所讲的市场分析方法，我们可以按下列样式制作市场研究报告：

## 市场研究报告

**一、市场研究心理的自我检视：**

1.是否做到了以置身事外的态度观察行情；

2.是否隔绝了以前的判断以及交易对自己心理的影响；

3.是否隔绝了其他人（包括最知名权威人士）对市场评论的影响；

4.是否保持了谦虚谨慎的心态，是否对市场抱有敬畏之心；

5.是否保持了内心的淡泊宁静。

二.可能的战役性机会描述

1.市场可能的运动轨迹；

2.市场可能的运动轨迹带来的战役性机会；

3.影响市场的多空因素得分表对比情况；

4.市场因素在未来的变异之展望；

5.市场战役性机会的深层次原因剖析；

6.市场战役性机会的风险及价值评估；

7.上述市场运动轨迹的可能变异；

8上述市场判断失败的几种可能原因。

# 十一、我们的成功实例

实践证明，坚持上述心理控制方法和市场研究方法有利于我们更客观地评估市场，也有利于我们做出正确的市场应对。下面是我们在2008年底成功进行市场研究并成功画出后期运动轨迹的一个实例。

## 1.2008年底的市场分析结果及其应用

2008年下半年，全球金融危机爆发后商品价格市场出现了瀑布式下跌，所有市场都笼罩在一片恐慌气氛之中。许多市场人士和机构对未来的经济展望极为悲观，一些人甚至提出了“自2008年以后世界经济将进入负增长时期”的悲观论断。然而我们并没有盲目听从“专家”、

“权威”的论断。我们在企业内率先提出了金融危机中有“危”更有“机”，要化“危”为“机”的观念。在实践中，我们应用前面提到的市场分析方法对铜市场进行了深入的研究，最终得出了铜价将“逐渐对3000美元形成侵蚀，在克服3000后发生振荡，之后形成底部”的正确结论。2008年12月16日，我们将此研究结论写成了《中长期铜价走势与对策》的研究报告，并以电子邮件的形式发送给单位的主要领导。应用该研究成果，我们在2008年12月31日上午八点发出了将所持有的15955吨铜空头全部平仓的指令。

图5–7是我们在2008年年底的研究结果与操作示意图。

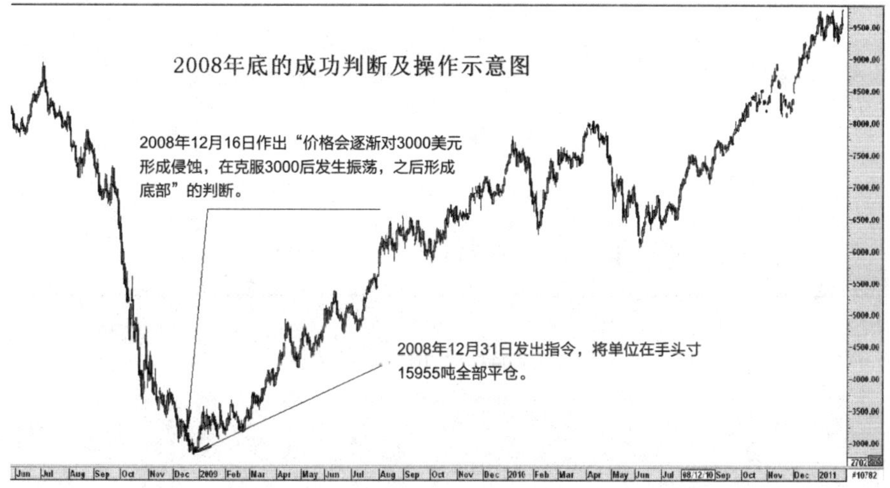


图5–7

12月16日电子邮件截图如图5-8：

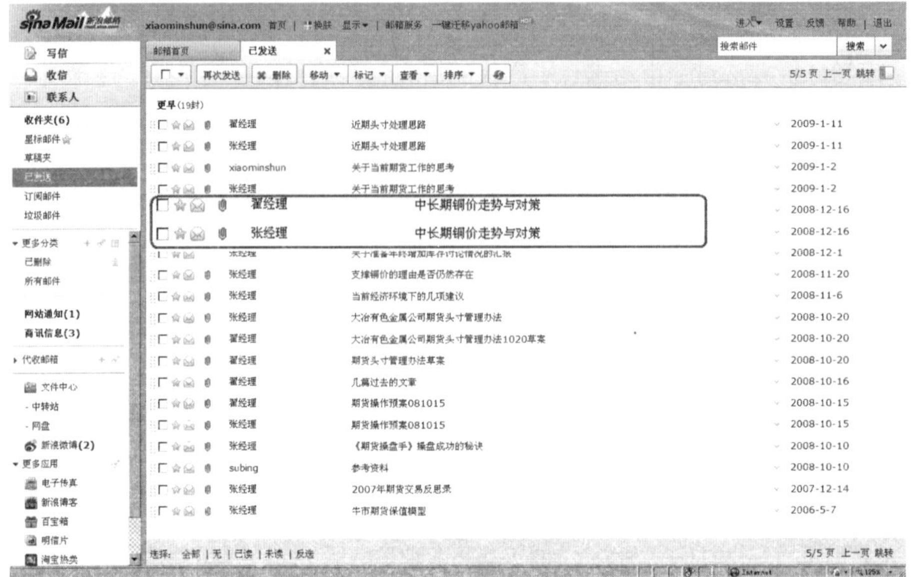


图5-8

12月16日的研究报告原文内容如下：

> **中长期铜价走势与对策**
>
> 前几天，我们参加了第四届中国国际期货大会和CRU举行的年度行情研讨会。通过交流，我们对铜市场今后的行情走势有了更明确的判断，同时建立了后期基本操作框架。
>
> **一、会议情况**
>
> 期货大会上，行情分析上比较有分量的发言主要是两家投资银行：曼氏金融和苏克敦公司。曼氏金融的主要观点是铜价在2008里呈现振荡走势，主要的季度均价见表5-3：

表5–3

| 年份 | 2008 Q1 | 2008 Q2 | 2008 Q3 | 2008 Q4 | 2008 AVG | 2009 Q1 | 2009 Q2 | 2009 Q3 | 2009 Q4 | 2009 AVG | 2010 AVG |
|---|---|---|---|---|---|---|---|---|---|---|---|
| 铜价 | 7796 | 8443 | 7680 | 4084 | 7001 | 3800 | 4000 | 3500 | 4000 | 3825 | 4200 |

苏克敦的观点是金融危机的发展将以三段式的发展方式进行：第一阶段是恐慌与恐惧阶段。这一阶段，由于金融危机向实体经济蔓延，同时金融机构的去杠杆化行为仍未结束，因此价格处于下行阶段。第二阶段是回归正常价值阶段，预计可能在明年3月或者4月之间进行。第三阶段是回到正常状态，也许是回到了商品价格的超级循环，“铜价可能比2005年价格高出2000美元”。

CRU的观点是明年市场将进入供过于求状态，全年均价将为3976美元。见表5–4。

表5–4

| 年份 | 2008 | 2009 | %变化 |
|---|---|---|---|
| LME三月价 | $6999 | $3976 | –43% |

## 二、存在的疑问

如果以上公司的判断符合明年市场实际，那么我们现在的市场就存在一个显著的矛盾，即铜价在3200左右已经远远偏离市场均值，但价格下跌的趋势还没有出现停止的现象，由此市场后期将以什么方式运行就值得我们仔细回味了。

## 三、我们的判断

从市场各种因素综合的结果来看，如果排除美元及人民币剧烈贬值的情况，那么铜价很有可能走出振荡寻底、筑底、恢复的形态，可能的价格轨迹如图5–9。

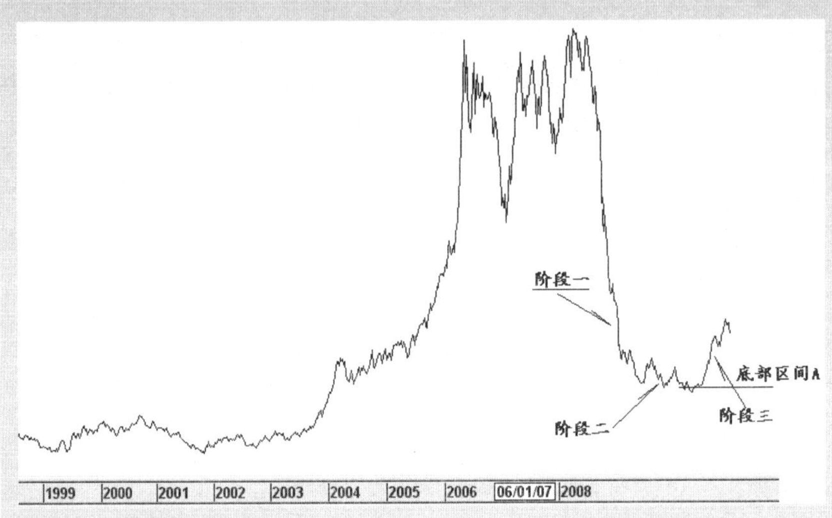


图5–9

之所以认为铜价在今后将走出上述轨迹，主要依据是以下几点：

1.全球金融危机已经蔓延至实体经济，经济的恢复需要一定时间。

表5–5是CRU对全球经济未来两年的预期。

表5–5

| 年份<br>国别 | 2004 | 2005 | 2006 | 2007 | 2008 | 2009 | 2010 |
|---|---|---|---|---|---|---|---|
| 美国 | 3.6 | 2.9 | 2.8 | 2 | 1.3 | −1.3 | 0.8 |
| 日本 | 2.7 | 1.9 | 2.4 | 2 | 0.5 | −1.2 | 0.2 |
| 德国 | 1.2 | 0.9 | 2.8 | 2.6 | 1.3 | −1 | 0.8 |
| 英国 | 3.3 | 1.9 | 2.8 | 3 | 0.8 | −1.5 | 0.4 |
| OECD | 3 | 2.3 | 2.7 | 2.3 | 0.9 | −1 | 0.9 |
| 中国 | 10.1 | 10.4 | 11.6 | 11.9 | 9.4 | 7.9 | 8.9 |
| 印度 | 8.3 | 9.2 | 9.7 | 9 | 7.7 | 5.8 | 7.1 |
| 巴西 | 5.7 | 2.9 | 3.7 | 5.4 | 5.4 | 2.2 | 3.2 |
| 世界 | 4.2 | 3.5 | 4 | 3.7 | 2.5 | 0.7 | 2.3 |

从表中可以看到，明年全球经济GDP增长率将由今年的2.5%下降到0.7%，到2010年才可能恢复到2.3%。目前，我们正面临信贷市场失灵、多数发达经济体陷入了流动性陷阱、新兴市场出口下降等难题，同时我们注意到，这次经济危机是自1980年以来最严重的一次经济衰退，因此不可能期盼危机在短期内迅速过去。所以，经济走U形底的可能性较大，商品市场价格也会因此受到相应的影响。

2.危机中铜需求增长率下降。

由于经济走U形底运行，铜的需求也将因此受到影响。估计明年铜的供需平衡将由今年的短缺5.1万吨转为过剩39.5万吨，铜价将受到供应过剩的压制，见表5–6。

表5–6

| | 2008 | 2009 | %变化 |
|---|---|---|---|
| LEM三月价格 | $6999 | $3976 | –4.3% |
| 全球供需平衡 | | | |
| 产量 | 18.229 | 19.017 | 4.3% |
| 需求 | 18.281 | 18.632 | 1.9% |
| 库存变化 | –51 | 395 | |
| 中国供需平衡 | | | |
| 产量 | 3762 | 4285 | 14% |
| 需求 | 4882 | 5151 | 5.5% |
| 净进口 | 1120 | 866 | |

3.成本刚性对价格将形成一定支撑。

在上一轮价格上涨过程中，许多低品位矿也由于价格高企而有了开采价值，但目前铜价下跌过程中，这一部分高成本矿就失去了开采价值。据估计，当铜价低于4162美元后投资铜生产就失去了吸引力；当铜价低于2230美元后，已有的生产企业将会大规模停产。由此来看，高价产能的退出将推动行业洗牌，也将对价格恢复起到铺垫作用。

**四、铜价目前仍然处于阶段一**

从技术上分析，铜价目前仍然处于振荡筑底阶段，也就是说处于图5–9的阶段一。目前铜价在3000附近显现出了一定的支撑，但是估计价格会逐渐对3000美元形成侵蚀，在克服3000后发生振荡，之后形成底部，进入阶段二。

**五、我们的对策和建议**

由于底部到底会在什么价位形成目前还不好确定，我们所知的仅仅是铜价处于相对低位，同时价格将会形成底部，因此在目前考虑的对策有以下几点：

1.在目前价位持有中等仓位头寸

考虑使期货保值量和待保值量为1：1的关系，该头寸可以持有到底部迹象明显时，即阶段二到来后再行平仓；

2.加强短线运作，以争取合理效益

在阶段二之前，可以用2000—3000吨的头寸进行短线运作，以获取短线利润；

3.高度关注美元和人民币贬值的可能

上述判断的前提是人民币和美元不出现大的贬值，但就目前的经济环境来说，人民币贬值的压力日益增加，因此应该高度关注贬值的可能，一旦出现异常，应该立即果断空头平仓；

4.注意把握2009年进出口的高比值机会，力争进口矿有好的收益；

5.明年应该将交易思维改变为逢低买入，因为该思维在低价位具有风险小、利润大的优点。

肖敏顺　　2008.10.16

## 2.上述成功分析的推理过程

2009年的行情发展实际证明，该次市场研究的结论与当时的市场实际比较贴近，其对策建议是2009年行情的正确应对措施。事实证明当时我们对市场的推理过程非常冷静、客观。

**（1）市场分析过程中的心理控制**

2008年末，我们在分析开始的时候，对照本书第三章“健康交易的心理和身体建设”以及第四章“分析前的准备”里的相关条款，对自己的交易心理进行了检查。通过这次检查，我们发现当时情况下的以下不良心理将会阻碍我们进行成功的市场分析。

①前期市场操作的结果

在2008年金融危机发生前，我们在市场的相对高位建立了一部分铜的空头头寸。该部分空头头寸至2008年12月份已经有两亿利润。在该次市场分析过程中，一方面是震撼人心的价格暴跌，另一方面是令人晕眩的高额利润。这两方面对于我们进行冷静客观的市场分析都是有百害而无一益的事情。为此，我们对该不良心理进行了技术上的隔绝处理。

②市场恐慌情绪与独立思考

2008年下半年是金融危机导致市场情绪达到极端恐慌的时期。但是如我们前面所讲，在市场分析中要保持独立思考。因此别人可以恐慌但我们不应该恐慌，别人可以悲观但我们不应该也随之悲观。我们把别人的恐慌及悲观列为一个市场现象，并将其作为一个市场因素纳入考虑范围。这种恐慌心理是我们后来分析结果中认为铜价将向下突破3000美元，但该种突破不会持续太久的一个重要依据。

③其他不良心理

其它不良心理，如“要决定在手头寸是否平仓”的交易心理、铜价高位下跌之前的原有看空结论等都一度影响了我们的分析思维。在本次心理检查中我们都做了相应处理。

**（2）市场基本分析的得分法结论**

“市场因素得分法”实际是市场因素分析法。该次研究分析过程中，我们通过对影响市场的各主要因素进行分析，得到了以下的结论：

①市场的供需关系

铜市场的供需关系中，供应的弹性比较小，需求的弹性比较大。当时估计到2009年，虽然经济受金融危机的冲击存在许多不确定性，但是由于3000左右的铜价属于比较低的价格，市场需求应该不至于太差。因此供需平衡关系应不至于出现大幅过剩。其次，即使铜的供需平衡真的如我们资料所说的过剩39.5万吨，那么这个过剩的绝对值和当时的全球用量1800万吨相比较仍然属于偏小，不足以作为重要的市场利空因素。

②经济展望

2008年对全球经济影响最大的事件当属全球金融危机的爆发。一些人对后期经济走向持极端悲观的态度，其根据就是把2008年的全球经济危机和20世纪30年代的经济危机相比对，由此认为2008年以后的相当长时间里世界经济前景都不看好。我们仔细分析了上述观点，发现该观点最大的缺陷是没有考虑到现在政府对经济的调控能力和调控手段已经远远超过了20世纪30年代的水准。因此经济在一段时间内有维持低位徘徊的可能性，但是对经济极度悲观的论点值得推敲。

③成本刚性对铜价继续下行有制约作用

铜价逼近3000美元后，国内一些比较优质的矿山都处于亏损状态。根据相关资料，如果我们把包含副产品在内的矿山成本加上冶炼加工费和运保费作为直接成本C1，全球铜价跌破90%矿山C1的时间很短暂，而当时3000美元的铜价已经触及90%矿山的C1成本线，因此3000以下的铜价应该难以为继。

④人们预期的因素

瀑布式下跌的铜价，弥漫于市场内外的悲观情绪，所有这一切对市场多头的信心给予了毁灭性的打击。在2008年年底，认为铜价将出现恢复性上涨的人少之又少，市场主流仍然极度看空。因此铜价在当时仍然被人们普遍悲观的情绪所主导，铜价的跌势仍然没有结束。种种迹象显示：市场理性与市场情绪之间的偏差仍然很大。所以我们认为铜价在3000美元处会发生振荡，最终铜价会击破3000美元，但是这一轮价格的底部离3000美元不会太远。

**（3）当时盯盘的情况**

通过连续几日的紧张盯盘，我们发现市场交易过程中的两个盘面现象：

①由于人们的悲观预期仍然主导市场价格，所有盘面交易中主动性抛盘仍然不时涌现。但是市场中多头的信心有逐渐恢复的端倪，如铜价在12月10日、12月11日以及12月15日均拉出小阳线，这将为后期价格出现恢复性上涨奠定基础。

②市场的价差结构预示铜价会受到支撑。

根据我们对市场价差结构的研究（第五章第八点），在“下跌行情中，若远期合约价格远远低于近期合约价格，一方面说明市场下跌气氛浓厚，另一方面也说明现货市场的下跌速度较期货市场慢，市场有受到支撑的可能”。当时的实际情况是上海铜的价差结构已经出现了明显的前高后低倒基差形势，并且月份之间的价差高达1000元以上。在如此低的价格出现如此高的倒基差，预示铜价的下跌不可持续。表5−7是2008年12月15日上海期货交易所铜的行情情况：

表5−7

| 交割月 | 开盘价 | 最高价 | 最低价 | 收盘价 | 成交量 | 持仓量 |
| --- | --- | --- | --- | --- | --- | --- |
| Cu0812 | 28000 | 28290 | 27550 | 27800 | 1680 | 2590 |
| Cu0901 | 26000 | 26500 | 26000 | 26440 | 2726 | 24192 |
| Cu0902 | 24990 | 25580 | 24700 | 25390 | 143130 | 143200 |
| Cu0903 | 24200 | 24860 | 24200 | 24650 | 195652 | 101906 |
| Cu0904 | 23680 | 24400 | 23680 | 24200 | 9050 | 25580 |
| Cu0905 | 23520 | 24300 | 23520 | 24040 | 4280 | 15362 |

上述市场的整个分析推理过程，从心理控制到客观推导，从基本面分析到盘面观察，都进行得比较成功。也正因为如此，整个分析研究过程才比较成功。

### 3.该次分析中的不足之处

尽管2008年底的这次研究过程取得了一定成功，但其中仍然有许多不足之处值得我们在今后的研究工作中予以改进。

**（1）我们低估了政府对经济调控的反应速度，也低估了市场对经济调控的反应程度**

2008年末，我们认为全球性金融危机将逐步蔓延至实体经济，由此大宗商品价格会受到很大影响，而全球经济要走出金融危机的阴霾需要一定的时间，世界经济走U形底的可能性较大。在此观点的主导下，我们判断铜价的可能轨迹中，阶段二的时间相对较长，该判断与市场后期的实际走势不符。

在实际运作中我们通过不断地自我检查发现了这一缺陷，也因此我们在2008年12月31日上午发出了空头全部平仓的指令。

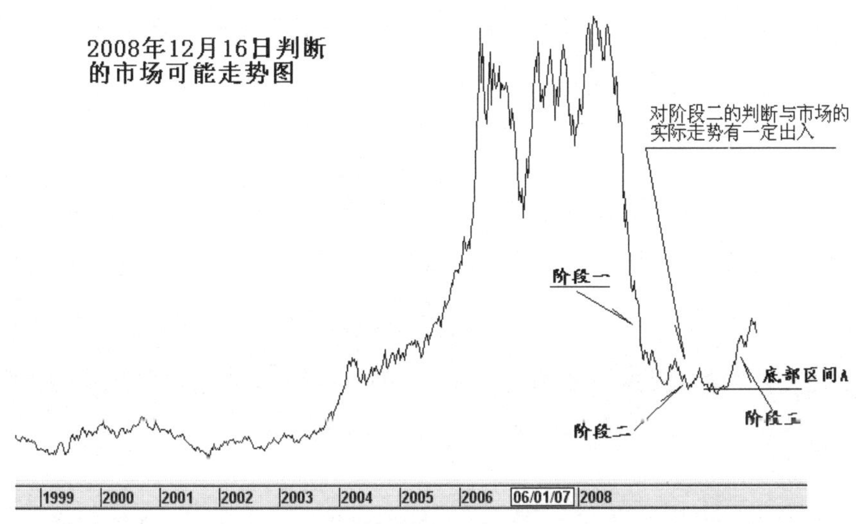


图5–10

（2）**对苏克敦的观点未作深入思考**

我们可以看到，在《中长期铜价走势与对策》的报告中我们提到过苏克敦公司认为金融危机的发展将以三段式方式进行：第一阶段是恐慌阶段；第二阶段是恢复阶段；而第三阶段可能回到商品价格的超级循环，“铜价可能比2005年价格高出2000美元”。

就2008年底的形势来说，苏克敦的观点确实是特立独行之作，其中有许多与我们的判断不谋而合。但正是由于其观点与我们有相似之处，我们反而忽视了对其观点的更深入研究。由于苏克敦在演讲的时候没有谈及其分析依据，特别是对“铜价可能比2005年价格高出2000美元”的观点没有进行任何阐述，只是在演讲结束之际顺带说了这么一句。而我们当时分析的焦点局限于回答“会不会转势”、“什么时候转势”上面，对于2009年全年的大行情走势没有作更深入的探讨，或者说我们当时的眼光并没有放得很长远，因此对铜价在2009年的运行高度没有一个预期目标，更没有对随后的大牛市提出预警。这是整个研究过程中最令人遗憾的缺陷。

市场分析是整个市场交易过程中最重要的环节之一。我们上面提到的成功实例证明我们的心理控制方法、市场分析方法在实践中有一定的可行性。但是正如一个古老的希腊名言所说：“人不能两次踏入同一条河流。”事物的变化是永恒的，因此对事物的研究方法、研究手段也要随之发展。在今后的市场研究中，我们一定要注重发掘出更切实可行的市场研究手段，避免市场研究的简单化、机械化。

市场研究的目的是用于实战，那么在制作市场研究报告的过程中除了要考虑揭示市场的客观状况外，更要把市场的风险权衡放在优先位置考虑。在做好了市场研究工作之后，下一步我们的任务就是要把研究成果转化为交易成果。

# 第六章
# 操作前该做的工作

市场分析的最终目的是为了把握价格变化带来的市场机遇，为此就必须在期货市场或者现货市场里有所行动。如果说市场分析阶段的工作类似于研究所的研究工作，那么操作阶段的工作则是类似于工厂企业把研究所的研究成果转化为产品获取利润的工作。工厂企业不同于研究机构，市场操作也不同于市场分析。因此为了交易成功，就必须建立一些交易规则。同时在实施市场操作过程中，我们还必须严格地、自觉自愿地遵守这些规则。

## 一、明确操作目标

期货操作的目标不应该简单地定位于赚钱。正确的操作目标是：在价格上涨行情中设法控制尽可能多的物质，在价格下跌行情中设法控制尽可能多的资金。

我们可以看到，在一个不断上涨的行情中，某些人虽然赚了钱，但是其能够购买到的物质总量却在减少，其资产处于负增长状况，因此在这个上涨的市场里他实际是亏损的。这就是为什么我们说不能简单地把期货操作的目标定位于赚钱的原因。

期货市场里正确的操作就是要做好“货币”工作：在上涨过程中尽量持“货”，在下跌行情中尽量持“币”。

明确上述操作目标会使我们拥有与众不同的视野，我们的思维会因此更完善，我们的操作会因此更加切合市场实际。

## 二、将心态调整至交易状态

稳定平和的心态是成功之本。为了获取成功，在交易的不同阶段对心态的要求也有所不同。

在前面章节中我们对市场心理提出了一些观点，对做好心理控制也有一些技巧性的做法。坚持这些观点对我们在市场中获取成功至关重要。但是随着我们由分析阶段进入实战阶段，我们的市场心理也应做出相应的调整：一部分仍应坚持，一部分应该做适当改进与强化。

### 1.检查研究结果和交易心态是否符合自然规则

期货操作的依据是切合实际的市场研究结果，而切合实际的市场研究结果应该符合自然规则。另外，在交易过程中的交易心态也应符合自然规则。

所谓自然规则，就是我们的所有研究结果及可能的交易举措都是自然而然得出的结果，而不是为了研究而研究或者为了交易而交易的结果。它在研究层面有三层意思：

①我们不可能听懂所有的市场语言，但是我们清楚哪些语言我们听懂了，哪些语言我们没有听懂；

②根据我们听懂了的语言和我们没有听懂的语言，我们可能自然而然地得到一些研究结果，也可能无法得到任何结论。我们不需要保证所有的研究都有结果，但我们要保证所有的结果都是自然的推论，而非为研究而研究得到的结论。

③如果随着时间的发展，我们对市场的认识有所深入，那么我们不会固守原先的研究结论，也不会固守原先的立场。

在交易心理层面，自然规则也有三层意思：

①市场可能存在交易机会，也可能不存在交易机会；我们可能观察到了存在的市场机会，也可能没有观察到存在的市场机会。

②我们不能也不需要保证抓住所有的市场机会，甚至不能保证抓住我们看到了的所有市场机会，但是我们保证我们交易的机会是趋势性的战役机会，我们的交易全部是对市场机会的自然反应，而不是为了交易获利的主观目的而进行的勉强交易。

③如果我们对价格运动没有判断，特别是对近期价格走势缺乏判断，那么我们就既不应该入市交易，也不应该持有头寸。

### 2.保持谨慎

在交易场中切记要保持谨慎。这里的谨慎有以下三层意思：

①慎战

期货交易的特性决定其对价格变化有很大的放大作用，市场行情的剧烈变化也促使资金在交易者之间快速流动。因此期货交易的结果往往对一个人或者一个企业具有重大影响。这种影响在某种程度上具有生死悠关的意义，其结果类似于战争对人们的影响。

一个优秀的指挥员对战争的态度首先是慎战，也就是不要轻易开战。一个到处挑起战端的军队难逃覆灭的命运，一个随意开仓的交易商也难免亏损的结局。因此我们面对期货市场，一定要牢记“慎战”二字：只有当市场形势对我们非常有利的时候方才入市，而在形势不明朗的时候我们选择远离市场。

②慎敌

慎敌就是不要轻敌。战端一开，战局千变万化，即使是最有经验的指挥员以及最周全的战略部署，也不能保证万无一失。历史上轻敌而导致失败的例子比比皆是。许多交易员在几次获利之后往往沾沾自喜，自我感觉非常好，似乎市场是自己的手下败将。由此导致的轻敌情绪，促使交易员不再依据理性进行交易，而是根据自己的预感或者是自己的主观臆想做单，最终亏损累累。因此在交易过程中任何时候任何情况下我们都不可以轻敌，都要高度关注市场变化，不论我们是刚踏入市场的新兵，或者是久经沙场的老将。

③将盈利视为本钱

在第三章第七节“忘记过去——过去的事情不再想”里我们曾经提到过，要“忘记盈利”，将盈利视为本金。这一点对于我们保持谨慎的入市态度、保住我们的胜利成果至关重要，因此在操作之前要予以特别注意。

## 3.不要担心失去机会

在第三章第四节中我们提到过，“要克服赶车心理，做狩猎人，不做赶车人”。克服赶车心理，对于我们操盘成功具有非常重要的意义，因此在操作前需要特别强调。

克服赶车心理的关键，就是在市场中不要担心失去机会。

认为市场价格将会发生剧变，不立刻入市就会错失良机，从而匆忙入市，匆忙亏损，这是许多人的通病。你看，原先的价格那么高，现在已经下跌那么多了，如果不买，价格马上就会又涨上去，或者是原先的价格那么低，现在已经涨了那么多了，不卖价格又会跌下去——过了这一村就没这个店了。哪想到买进以后，价格跌了还跌，卖出之后，价格涨了还涨。1994年我的一个朋友做上海期铜，当时价格一路上扬到24000元/吨，而根据往年的经验，铜价最高只到过23200元/吨，因此这位朋友认为不能错过这个绝好的抛空良机，从而在没有仔细思考基本面情况和技术面情况，也没有制订相应的交易计划的情况下，做搏浪一击，匆忙入市，满仓抛出。开始几天，铜价略有下跌，朋友心中暗喜，但是随后几天，铜价一路上扬，直接冲到29000元/吨。这位朋友不得不斩仓认赔，遭受了惨重损失。

担心失去机会，往往容易导致心理灾难，从而造成思维混乱。当我们担心失去某一个机会的时候，我们实际上使自己的情绪处于不必要的压力之下，产生焦躁心理。在这个时候，我们实际上已经作出了入市决定，而这个入市决定并不是依据理性思维作出的，这种交易的结果，往往是以失败而告终。

事实上，在交易市场里，不论是股票市场亦或是期货市场，价格运动不可能一步到位，市场永远都存在着机会。因此，我们大可不必担心失去一次交易机会。如果你所认为的交易机会，不是经过深思熟虑、综合考察各方面的因素而得出的结论，那么我们宁可错过这个机会，以免承受不必要的风险。只有在一种情况下我们是真正地失去了机会，那就是因为草率的入市决定导致我们的资金损失怠尽的时候。

在交易场里，一定不要担心失去机会。只有排除了交易欲望，人的头脑才会清醒。

### 4.不要幻想入市后可以捞一把，也不要急于入市夺回损失

期货市场对价格变化具有放大效应。这种放大效应会促使市场中的盈利账户出现资金快速堆积的现象。迅速的期货盈利，会给投资者带来丰富的想象空间，而一夜暴富的机遇与传说，也给投资者带来了无尽的遐想。

在20世纪70年代，美国有一位名叫爱德华·库克的商人。当时大豆的价格在短短的几个月内由每蒲式耳3.40美元涨至每蒲式耳13美元。由于库克囤积了大量现货，在价格暴涨中他赚了1000万美元。另外，库克还在新奥尔良30英里以北的密西西比河畔建有仓库，当仓储费为每蒲式耳10美分的时候，库克压缩仓库的库存，而当仓储费涨至每蒲式耳75美分时，库克开放其所有仓库。这样一来，由于时机把握得恰到好处，两笔具有投机性的生意促使库克迅速暴富起来，其税前利润上升至7500万美元之多。

据说后来库克的公司急需用钱，有了前两笔投机性生意成功的经历，库克进入了期货市场。带着在期货市场里捞一把的想法，他选择了

建立空头仓位。然而不幸的是，由于价格上涨，他的账户很快出现了亏损。这时他犯了期货市场的大忌：为了摊平成本在亏损部位加码。新加码的头寸又产生了新的亏损，而这并没有使库克退缩。绝望中的库克不断投入资金，但是最终亏损还是无法挽回。1977年7月，库克申请终止其股票的上市交易，他的公司破产了。

库克的悲剧在于他认为期货市场可以满足他的金钱梦——他的事业急需用钱，希望从期货市场中拿钱回去，但是市场往往事与愿违。类似的事例在期货市场里比比皆是。在我们国内，由于一些传媒的报道，外加一些不负责任的经纪人的误导，许多人同样认为交易市场可以满足他们的金钱欲望。实际上，不论是股票市场还是期货市场，它们都不是满足人们金钱梦的场所。期货市场只是对那些认真研究市场，并辅以相应的正确举措，参透了市场玄机的人以丰厚的回报。那些企图在市场里面捞一把的人，虽然可能得逞于一时，但是最终将丧失他们手中的利润，外加他们的本钱。只有对金钱不抱幻想，对市场不抱幻想，才能够在市场里成为最终的赢家。

在期货市场里不能幻想捞一把就走，也不能急于入市夺回损失。

谁都不能担保自己在市场里永远盈利。这个道理说起来大家都知道。但是在实际操作中大家往往无法忍受自己账户的亏损。人们在市场中遭受了损失之后，往往急于夺回损失。一个人在期货市场中受到了损失，他就希望在期货市场中夺回来，在股票市场中遭受了损失，他就希望在股票市场中夺回来，甚至是在他亏钱的股票中夺回来。他们认为是市场夺走了他们的钱，自然要向市场要回来。更为重要的是，他们认为这种损失使他们的自尊受到了伤害，他们必须维护他们的自尊。他们会说：我把损失补回来就不做了。于是就匆忙下单，盼望市场朝着有利于自己的方向运动。下单之后，他们能做的就是伸长脖子，等待最后一刻的来临。

然而，市场的发展是不以人们的意志为转移的。你发生了亏损，那么就意味着你永远失去了这笔金钱，它就是你没有认真研究市场的代价。市场不会理会你发生了多少亏损，从而给你补偿。你发生亏损后再度入市，这时你面对的市场机会与没有发生盈亏的交易商是一样的。如果你急于入市去夺回损失，那么你的实际盈利机会就远低于没有发生盈亏的交易商。亏损后比较明智的措施是暂时退出市场，好好地调整一下自己的情绪与心态，然后再耐心地等待市场机会的产生。

幻想可以入市去捞一把，或者急于入市去夺回损失，都会促使人作出轻率的入市决定，从而招致损失。

### 5.保持耐心

失耐心者失天下。在交易场中无论怎样强调“保持耐心”的作用都不过分。

在交易场中的耐心，首先是有了市场分析结论后的耐心——耐心寻找市场机会。其次是入市之前的耐心——耐心等待好的入市时机。再后是持仓过程中的耐心——耐心守候利润的增长。可以这么说，保持耐心可能使我们失去一点机会，但是同时它也可以使我们避免更多的风险，保证我们利润的有效成长。

寻找市场机会过程中保持耐心，就是要耐心寻找战机，而没有好的交易机会就宁可待在场外。这就好比参加一个可以自由选择对手的棋类比赛一样，除了提高你本身的棋力之外，获胜的一个要诀就是耐心寻找你能战胜的对手并与之对弈。期货市场里获胜的要诀就是耐心寻找你能把握的战役性市场机会。

入市之前的耐心，就是在守候到市场中的战役性机会后，耐心等待当前最好的市场切入点，也就是要把握入市时机。

要恰到好处地掌握入市时机，首先必须抑制自己的入市冲动。因为入市建立头寸或者决定入市之后，恐惧和对盈利的期待等不良情绪容易左右人的思维，从而削减人的智力，其中以决定入市后人的表现最为明显（对于出市而言，就是必须抑制自己的出市冲动）。只有在我们的内心深处，消除了想要交易的想法，我们才可能静静地站在市场边缘，观察市场，捕捉到市场所提供的最佳交易时机。以治待乱，以静待哗，此治心也。

抑制自己的入市冲动，主要是指要避免赶末班车的心理，这在第三章第四节里已经讲过，另外还要避免想当然的心理。

市场有其自身的运动规律。它不会按照人们的主观意愿运动，也并不是总有最佳的入市时机。因此等待入市时机一定要有耐心，不要想当然。如果市场没有行情而强行入市，只会是自寻烦恼，使自己承受不必要的压力。市场运动就像天气变化一样，我们对此是无能为力的。但是我们可以预测天气的变化情况：当天气开始下雨的时候，我们应该打起雨伞；而当晴空万里的时候，我们可以收起雨伞放心外出。如果你想当然天气会如何变化，在晴空万里的时候打起雨伞，或者大雨滂沱的时候收起雨伞在户外行走，要么会贻笑大方，要么会被大雨淋成落汤鸡。究竟应该怎样办，要看天气的实际情况。如果我们对天气的变化没有把握，那何妨安心地待在家里，等天气情况明朗了再说呢？同样的，对于一个运动的市场而言，我们是要利用确实存在着的市场运动，而不是想当然市场会如何如何运动。当股票和期货的价格要下跌的时候，我们就应该卖出；当股票和期货的价格要上涨的时候，我们就应该买入。如果我们对市场的运动没有确切的把握，那么我们何妨站在市场的外围，静静地等待时机呢？既然我们对市场的运动无能为力，那么我们就应该正视现实，让市场告诉我们应该怎么做，或者说按照市场告诉我们的去做！绝对不可想当然地按自己的主观臆想去操作。当市场没有告诉我们什么的时候，或者说我们没有听懂市场的语言的时候，那就耐心地待在市场之外吧。

持仓过程中的耐心，就是要抑制自己的出市冲动，抵御出市诱惑。当股市中的筹码和期货市场中的头寸略有盈利的时候，人们往往喜欢落袋为安，不知道应该守候利润的增长，从而失去应得的利润。

会钓鱼的人都有这样一种体验：当没有鱼儿吃食的时候，要静下心来耐心守候，当鱼儿上钩的时候不能急于起钩，而是要等到鱼儿已经把鱼食吃进口里方才起杆。这就是耐心。

钓鱼是这样，做期货又何尝不是要保持同样的心态呢？

### 6.不要后悔

生活中有太多的事情给我们留下遗憾，让我们悔之莫及。后悔是人的天性，但是一个理性的人会理性地面对后悔。

还是以上面那个钓鱼的例子来说。一条大鱼脱钩跑了，理性的人绝对不会围绕着池塘捶胸顿足，也不会为此喋喋不休。他可能只会淡淡一笑，然后检查一下鱼饵，专心于钓下一条鱼。这是因为理性的人明白捶胸顿足喋喋不休并不会使跑了的鱼重新回来，这样做对最终的钓鱼结果没有丝毫益处。他明白他应该做好他当前的工作，所以他能够淡然处之。期货也是一样。后悔并不能使我们回到从前，也不能改变当前的头寸状况，因此理性的交易员不会对过去的决定后悔，他只会关注于当前应该采取的正确措施。

有一句俗话叫做圣人畏因，俗人重果。说的是聪明人关注的是事物后面的原因，因此能更理性地采取措施；而平庸之辈关注的是事情的结果，因此更容易后悔。

在期货交易中不要后悔。不要去想：要是原先那个价格就好了，要是再到原先的那个价格我就去做，等等。面对后悔，我们要切记一句话：后悔是下一个错误的开始。

## 三、制订交易计划

孙子说：兵者，国之大事也。死生之地，存亡之道，不可不察。在股票市场和期货市场里操盘，与用兵打仗有异曲同工之妙。你的资金就是你的可用之兵。用兵是国家的大事，而开仓交易则是使自己的资金陷入死生存亡的风险之中，所以要慎之又慎。在入市之前一定要全面认真地考察市场，据此制订周密的交易计划，要坚决摒除随意下单的恶习。

制订交易计划，首先是要检查我们是否听懂了市场语言；其次是要进行风险权衡，看是否有战役性操作机会；再次要做好资金安排及头寸设置。另外，还要对各种可能的意外情况拟订应对方略。最后是一定要有止损的意识。这里需要特别关注头寸设置和止损的问题。

因为我们要建立的是趋势跟进头寸，所以在头寸设置方面，需要着重注意的就是自己的入市方向，即要使自己的入市方向与基本面的变动方向相一致，与基本趋势的运行方向相一致。在确证存在即将发生的价格变化（特别是存在业已启动的趋势）或者确切判定现有价格趋势尚有较大的空间，并且长期、中期、短期三者趋势一致时方才考虑入市建立趋势跟进头寸。即在设置头寸时既要坚持宏观顺势的考虑，也要坚持微观顺势的原则。

关于止损方面，一定不能优柔寡断。只要证明我们判断失误，我们所持有的头寸，不论其当时是处于盈利状态还是亏损状态，就都属于错误头寸，应当立即予以抵消。另外，由于市场存在许多不确定性，突发事件和突发消息可能扭曲原先的市场状况，在这种情况下，我们也应该果断止损离场。

表6–1是交易计划表样式，供参考。

表6–1交易计划表　　　　时间

<table>
<tr><td colspan="4">必须严格遵守交易计划、遵守纪律</td></tr>
<tr><td></td><td></td><td>目标空间</td><td>风险空间</td></tr>
<tr><td rowspan="5">市场可能的运行方式<br>（自然原则得到的结果）</td><td>1</td><td></td><td></td></tr>
<tr><td>2</td><td></td><td></td></tr>
<tr><td>3</td><td></td><td></td></tr>
<tr><td>4</td><td></td><td></td></tr>
<tr><td>5</td><td></td><td></td></tr>
<tr><td rowspan="5">相应的对策<br>(风险权衡)</td><td colspan="3">1</td></tr>
<tr><td colspan="3">2</td></tr>
<tr><td colspan="3">3</td></tr>
<tr><td colspan="3">4</td></tr>
<tr><td colspan="3">5</td></tr>
</table>

| 资金分配<br>头寸设置 | |
|---|---|
| 可能的意外情况及应对措施 | |
| 当出现下述情况时，证明判断失误，则立即处理遗失头寸 | 1。 |
| | 2。 |
| | 3。 |
| 必须坚持的几条原则 | 1.自然原则 |
| | 2.伺机出击 |
| | 3.放弃小的波动 |
| | 4.隔绝一切感情 |
| | 5.单向操作原则：长、中、短趋势一致时方才入市 |
| | 6.不打无把握之仗 |
| | 7.在可能的前提下尽量增加趋势跟进头寸 |
| | 8.中期走势终结的原则 |

# 四、操作前应该树立的总体观念

操作之前，我们需要明白一个成功的期货操作建立在下列条件之上：

1.卓有成效的心理控制——用以保持理性思维；

2.对整体趋势的正确把握——用以决定操作方向；

3.对短期小环境的判断——用以选择入市时机；

4.对资金的合理分配——用以将风险控制在可承受范围内；

5.在合适的时候适量加码——用以扩大利润，使市场研究成果得以充分利用；

6.对遗失头寸的果断止损——用以控制亏损、确保东山再起的实力；

7.发现中级趋势终结的本领——用以确保既得利润，避免成为坐电梯的观光客。

# 第七章
# 如何把握入市时机

## 一、概述

如果说期货交易是一门艺术，那么正确把握出入市时机就是这门艺术的精髓所在。实际上，我们对自我心理的调控能力、对市场的研究结论正确与否、对交易技巧的运用能力等等都可以从我们对出入市时机的把握上反映出来。正确把握出入市时机，对于我们获得交易的成功具有至关重要的作用。

正确把握出入市时机，就是要把握火候，包括把握入市火候与出市火候。一波行情来了，虽然我们看得很准，但是如果入市的时机把握不好，火候未到，那么匆忙入市很可能劳而无功，甚至出现亏损。同样的，如果出市的火候未到我们就匆忙平仓，那么我们很可能损失相当大一部分潜在利润。更为严重的是，如果这时候我们由于后悔过早平仓而重新入市，就会使我们承受不必要的风险，很可能导致操作失败。

要想在投资市场取得成功，仅有正确的判断是不够的，还必须有时机的概念。这就像下面的例子所说的那样：如果一个人在半夜高喊："天要亮了，天要亮了，快起床，快起床。"大家一定会说他是神经病。但是他说天要亮了并没有错，错就错在没有把握正确的时间。只有在黎明时分说"天要亮了"才是正确的——正确的判断必须辅以正确的时机才有期货操作价值.

投资市场里的时机掌握，就是指在股票和期货的操盘中应该把握风险最小而潜在利润最大的机会。确立良好的入市部位，可以使我们的操作有一个良好的开端，从而避免精神上的不必要压力；在合适的时候了结部位，则可以使我们的操作取得最好的结果。对操盘者而言，这两者都是极为重要的。而做到这两点，主要对应两方面的内容：其一是在入市之初，必须对市场有全面的考察，制订周详的计划，对可能的亏损进行控制，也就是指要把握"建立部位时机"，在恰当的时候建立正确的部位。其二是指入市后要让自己的利润成长到最大值方才落袋为安，而绝不是像平庸的交易商那样见好就收。这一点对我们尤其重要。实际上，善于堆积利润是卓越的操盘人与平庸的交易商最大的不同之一，而把握"了结部位时机"在某种程度上的重要性甚至超过对入市时机的把握。当然，这并不是说我们可以对入市时机的掌握掉以轻心。

在具体操作中，好的开端是我们操盘成功的基石。在时机把握上，通常我们要求自己在入市后的一两个交易日内即有浮动盈利。这个要求的难度比较大，但是我们之所以提出这样的要求，其原因就是因为在较差的交易部位入市常常要忍受财力上和精神上的双重压力，并减损可能的盈利空间。由于保证金的比例通常只是相当于合约总值的5%左右，较小的价格波动就可能使我们蒙受较大的损失。一旦被套，我们的精神上就容易承受很大的压力。我们会对自己产生怀疑，甚至产生许多消极心理，从而在后面的操作中处置失当。

入市时机的把握在实际操作中可以分为两类：一类是指战略性入市时机的把握（长期投资机会的把握），另一类是指战役性入市时机的把握（中期投资机会的把握）。在大的趋势中的波峰波谷都是好的入市时机。

入市时机的掌握，主要是要设法建立尽可能多的趋势跟进头寸，并使这些趋势跟进头寸处于尽可能好的价位。要发现市场所提供的最佳得分机会，并通过建立尽可能多的趋势跟进头寸的方法最大限度地利用这种机会。

## 二、交易策略

### 1.只有有了分析结论才进行交易

坚持有了分析结论才进行交易的原则是期货操作的基本要求。我们不主张先入市去建立少量头寸用以感受市场的做法。这是因为我们认为投资者只有在没有持有头寸，并且也不打算持有头寸的情况下头脑才是最理性的，对市场的认识才是最清醒的。

反对没有市场研究结论就入市交易，一是指要反对没有经过仔细的分析研究，单纯凭个人感觉进行交易；二是指要警惕以非市场因素作为操作依据的误区，比如说因失去耐心而开仓平仓，又比如说按公司的成本进行操作，等等。

## 2.只参加简单的市场

只参加简单的市场，就是指在市场提供了最好的得分机会时方才入市。

我们很多人都有在电脑里与人下棋的经验。如果单纯是为了得分，我们可以选择当电脑里对手的等级分比较高的时候不和他下棋，而当对手的等级分比较低、对手的胜率比较低的时候，我们就可以上去和他下，并认真地战胜他，夺得这一分——有最好的机会和把握的时候方才上去得分。同样的，对于操盘来说，我们的目的是为了盈利，就像通过电脑与人下棋是为了得分一样：当盘面局势错综复杂，利多利空因素相互交织在一起的时候，我们可以选择不入市，只是静静地站在市场外观察盘面的变化情况。而当市场的基本面情况逐渐明朗，多空胜负即将判明的时候，我们就应该大胆入市站在胜利者一边和他们共享胜利的果实——只参加容易的、简单的、行情方向明朗的市场是交易获胜的一个重要方法。

## 3.根据市场的激烈程度选择入市时机

市场的价格运动，有时处于平缓状态，有时处于激烈运动状态。建立趋势跟进头寸，要根据市场运动的激烈程度做相应的选择。

**（1）不参加趋势不明朗的市场**

参加趋势强烈或者将会转为强烈的市场，有利于我们获取操作利润；而趋势不明朗或者趋势性不强的市场，基本没有投资价值。

面对一个没有投资价值的市场，我们最需要提醒自己的是保持耐心，保持一个垂钓者的恬淡。

（2）**价格变化相对平缓的市场里的入市策略**

当市场价格变化相对平缓的时候，应考虑在上升趋势里，价格次第回落时买入，在下降趋势里，价格次第反弹时卖出。

如图7–1.1和图7–1.2，当价格运动不是非常剧烈的时候，市场价格就容易产生回档。我们可以考虑在价格回档之后建立趋势跟进头寸，在图中的C点入市。

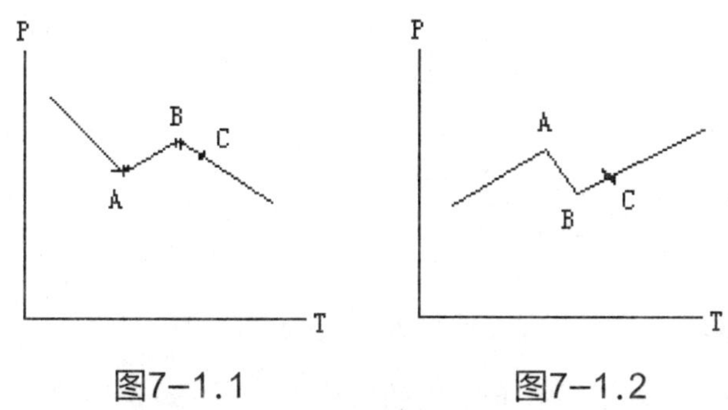


图7–1.1　　图7–1.2

需要注意的是，由于价格下跌速度快于上涨的速度(其原因就是价格下跌需要势能，而价格的上涨需要动能)，所以价格的下跌过程中出现回档的几率和幅度均小于上涨时的情况。

（3）**价格变化激烈的市场里的入市策略**

市场价格变化激烈的时候，价格出现回档的机会比较小。

图7–1.3和图7–1.4表示的是一种强势市场的情况。在强势市场中等待回档，可能其入市价位远远赶不上及时入市的价位。如图中在B点和C点入市，其获利能力就远低于A点（强势市场有时根本没有回档）。

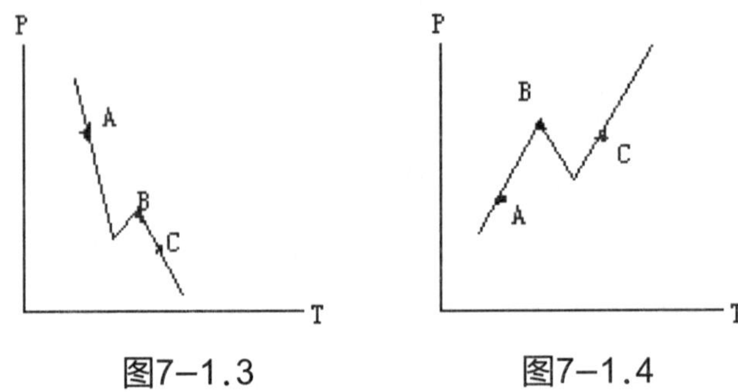


图7-1.3　　图7-1.4

是应该在回档时入市，还是应该及时入市，要根据趋势发展的迅猛程度决定。另外，对于何时入市加码，也应该根据趋势的激烈程度决定。

### 4. 做一个低调的猎人

交易市场中的猎人应该按下列方式行事：

耐心地在场外等候市场发出的信号，并在一轮由基本面所引起的趋势变动中，按其变动方向长期持有一个趋势跟进头寸，在合适时机适当加码，直至此变动暂停或者终结。同时，在这个过程中拥有及时纠错的胆识和毅力。

**（1）好的猎人应该学会观望，伺机而动**

观望就是观察，它也是一种投入，也是一种交易状态。

好的猎人首先是一个善于观察的猎人：仔细观察动物留下的痕迹，合理推断动物的去向。市场中的猎人就是要仔细观察已经发挥作用的市场因素的作用机理、待发挥作用的市场因素的渐变状态、现存的市场状态等等。仔细地观察市场，用心地体会市场。

好的猎人还是一个善于隐蔽自己伺机而动的猎人。在市场里善于隐蔽自己，就是要做到伺机而动，不轻易开仓，不轻易使自己暴露于市场之中。也就是说，在市场里要杜绝交易的随意性，最大限度地减少来回操作的次数，最大限度地避免承担无谓的风险。

学会观察，伺机而动，需要我们长时间地刻苦工作与耐心等待。这对许多交易商来说都是极其枯燥与艰苦的事情。但是我们要记住：观察和等待所失去的一切，市场都会加倍回报给我们。如果我们做不到这一点，我们就可能从猎人变成猎物。

**（2）好的猎人要学会放弃**

在期货操作中，要力争做到“每战必捷”，也就是说不打无把握之仗。对于没有把握的行情，或者看不懂的行情，就不要勉为其难，要学会放弃。虽然放弃可能会使我们失去一些市场机会，甚至可能是比较大的行情，但我们在失去一些市场机会的同时，也失去了更大的风险，从而为自己赢得了更多的市场机会。

三国里有一个场景，是诸葛亮为了激怒司马懿出战，送司马懿一套女人服装，而司马懿竟坦然受之。善于不战，是司马懿最终获胜的原因之一。

**（3）好的猎人要善于权衡风险**

善于权衡风险就是要善于发现可能的利润与可能的风险，并在利润与风险之间善于取舍。风险的权衡就是要预测价格朝持仓反方向的可能运行空间，并使该空间尽可能小。在实际操作中，就是要把交易的目标点，放在市场运动出现到位的时候。另外，我们可以把利益风险比达到3：1的指标作为重要参考数据。

**（4）好的猎人要坚持生存第一的原则，要善于管理风险**

在一个野兽出没的山林里，好的猎人不会因为猎物而忘记风险，更不会为了猎物而不惜付出生命的代价，因为他知道：生存是获取更多猎物的第一要素。

有时候，市场可能存在很大的潜在利润，但是同时也隐含致命的风险。在这个时候，优秀的交易商会坚持“生存第一”的原则，绝不会为了赚钱而冒被彻底摧毁的风险。

关于管理风险，巴菲特有一个经典的解释：在任何情况下都不要向自己的脑袋扣动扳机。

关于“扳机”理论，巴菲特首先阐释了市场中报酬与风险的正向关系，他是这样说的：在某些情况下，报酬与风险之间存在着正向关系。如果有人告诉我：“我有一支六发弹装的左轮枪，并且填装一发子弹。你可以任意地拨动转轮，然后朝自己扣一次扳机。如果你能够逃过一劫，我就赏你100万美元。”我将会拒绝这项提议——或许我的理由是100万美元太少了。然后，他可能建议将奖金提高为500万美元，但必须扣两次扳机——这便是报酬与风险之间的正向关系！

在阐述了报酬与风险之间可能存在的正向关系后，几年后巴菲特又对此作了详细解释，为什么“任何情况下都不要向自己的脑袋扣动扳机”的理由：

这不是IQ不IQ的问题。用对你重要的东西去冒险赢得对你并不重要的东西，简直无可理喻，即使你成功的概率是100比1，或1000比1。如果你给我一把枪，弹膛里一千个甚至一百万个位置，然后你告诉我，里面只有一发子弹，你问我，要花多少钱，才能让我扣动扳机。我是不会去做的。你可以下任何注，即使我赢了，那些钱对我来说也不值一提。如果我输了，那后果是显而易见的。我对这样的游戏没有一点兴趣。可是因为头脑不清醒，总有人犯这样的错。

“总有人犯这样的错”，巴菲特对投资人在市场里的表现真是洞若观火，而芸芸大众却并不能感受到自己的“错”，这真是一件令人扼腕叹息的事情。

### 5.在操作过程中保留安全边际

在期货市场中保留安全边际，是投资成功的重要保证。

理论上的安全边际是指一种价格与另一种价格所指示的或评价的价值的顺差，而我们头脑中安全边际的概念则比较空泛。当我们面对市场的时候，我们实际面临许多不确定性。这些不确定性有些会给我们带来风险，因此在操作中留有余地、保留安全边际，是我们应对这些不确定性的有效方法。

我们常常听人说在期货操作中要像吃甘蔗那样，只吃中间一段，把最甜的和最不甜的两边留给别人。也就是说，在趋势尚未开始或者行将结束的时候都应该平仓观望。这实际上也是保留安全边际的做法。

### 6.放弃小的波动，寻找战役性机会

市场的价格波动有大的波浪，也有小的涟漪。在市场操作中，我们要把握“抓大放小”的原则。

放弃小的价格波动，是因为小的价格波动往往是无序波动。在期货市场里，没有人拥有足够的知识能够每次都高明地操作，而在市场里抢进抢出往往是失败的重要原因之一。

成大事者不拘小节。要在市场里成功，就要寻找市场里的战役性机

会，也就是中级趋势的机会，而不要计较于一城一地之得失。

### 7.不可参与做势

市场里有一种错误的观点，认为应该在市场发生渐变时参与做势。他们认为通过观察市场中的力量蓄积情况，通过参与力量较强一方做势即可获取利润。从理性操盘的角度来说，不论你的资金力量大小，参与做势都是不明智之举。首先就是它违反了价格运动的客观规律。即使做势的方向与基本面的变动方向相一致，也是不可取的。在期货市场里，供需矛盾趋于紧张，这是一个从量变到质变的过程。参与做势就会过早地入市交易。这时量变尚不足以导致质变的产生，交易者不得不在这个市场里等待较长的时间。而在这么长的时间里，不排除基本面的变化导致一波正在酝酿的行情消失的可能，这时候做势者就只会是作茧自缚了。而参与做势的方向如果与基本面的方向相反，则更容易产生亏损。

### 8.按方向操作的思路

价格运动的“方向”是价格运动过程中最重要的指标之一。如果我们把入市定义于仅仅是去建立一个方向，所有的操作都按“建立方向”或者“了结方向”考虑，那么我们对市场的感受就会更加贴切，也更有利于我们操盘成功。

我们应该按这样的思维设计头寸：我们仅仅是去建立一个方向。

### 9.根据市场的中期趋势操作

期货操作中要顺势而为。这是因为趋势具有一旦形成就不会轻易改变的特点，因此顺势而为更易获取利润，更易规避风险。顺势而为同时也包含对于趋势运行过程中出现的反复不做过多的操作，只是在确证趋势行将结束后方才了结趋势跟进头寸的理念。

我们说在操盘中要顺势而为，但是价格运动的趋势分为长期、中期、短期三种，到底应该顺哪一个趋势进行操作呢？一般地，长期趋势是对价格运动在一个较长运动时期内运动方向的粗略判断，由于其时间上的粗略性，故在实际运用中的可操作性很差。而短期趋势由于其存在的时间过于短暂，也没有太大的实用价值。我们在实际操作中所说的顺势而为，主要是指要按市场运动的中期趋势进行操作。也就是说，仅当中级趋势形成时方才开仓平仓。

在价格运动开始后的顺势而为，绝对不等于要追高杀低。它与追高杀低的区别是交易者在判断上能察觉到中期趋势的形成，在操作手法上能用相关信号来印证自己的判断，并且为自己的入市价位留有足够的即将发生的价格变化空间，在操作结果上是入市不久即有一定的浮动盈利出现,而追高杀低则往往没有注意到市场的中期趋势已经接近尾声。

## 10. 坚持单向操作的原则

期货操作失败的一个很重要原因是交易商的双向操作。因此在期货操作中我们要坚持单向操作的原则，不要试图获取趋势逆行利润。

获取趋势逆行利润是指两种行为：一种是当中级趋势出现反复的时候开新仓试图赚取趋势逆行利润；另一种是在中级趋势出现修整的时候对趋势跟进头寸进行平仓以拿回浮动盈利，同时试图在更好的价位补进趋势跟进头寸。对第二种情况我们尤其要注意，因为这是我们没有觉察到而且经常犯的错误。第二种情况的直接后果就是这样做后市场可能抛弃我们，使我们只能坐在市场的边缘而无法进入。我们要记住：小的波动是暂时的，为我们获得高分的是巨大的波动。

坚持单向操作的原则，就是永远不要逆势操作。因此一个正确的操作过程应该是这样的：

（1）在趋势还没有确认之前，不论价格如何变化均不入市；

（2）在确认了一轮由基本面和技术面引起的中级趋势已经启动后，应按其变动方向拥有一个长期的趋势跟进头寸。在涨势中，任何回落都是买入时机，而不做多头平仓或者卖空；在跌势中，任何反弹都是卖出机会，而不做空头平仓或者买入；

（3）在合适的时机适当加码，建立尽可能多的趋势跟进头寸；

（4）持有头寸直至中级趋势接近终结。

另外，有人提出要在趋势的转折处获取成功，并以此作为逆市操作也可以成功的例子。事实上，当基本面发生质变后，一个趋势的结束往往是另一个趋势的开始。这个时候在行情的转折处入市，逆的是已经结束的旧趋势，顺的是即将开始的新趋势。因此在转折处建立头寸也是一种顺势而为，只是我们主张这种情况下的操作必须确定基本面和技术面已经发生了确实的转变，同时要确定新旧趋势之间的过渡段业已结束。另外，由于这种情况的操作难度较高，我们建议要谨慎行事。

## 11. 坚持低成本入市的原则

坚持低成本入市的原则，也就是坚持低风险入市的原则，就是要设法使入市点位的可能逆行空间最小，可能发展空间最大，也就是Larry

Willianms所说的：要尽量多赚，少担风险少打赌。（to win big,bet small）要设法使自己所担的风险从绝对量和相对量上都最小化。

坚持低成本入市的原则，部分意义上可以落实为寻找好的赔率。也就是说要设法使入市点的潜在利润与潜在风险之比为3：1以上。

## 12.不要试图抄底或者摸顶

不要因为价格跌到了很低的位置或者涨到了很高的位置，就人为地设想价格运动会面临转折，从而在市场中抄底摸顶。我们应该知道，在期货市场里，高低是一个相对概念。高了还可能有更高，低了还可能有更低。价格运动是否面临转折，要通过仔细的市场分析才能得到结论。

## 13.不要设定入市价位，在反向力量衰竭时就应该入市

由于价格在某一点运动的不确定性很大，人们很难判定价格到什么位置后将会发生转折，因此我们不应该在市场中设定具体的入市价位。什么时候入市去建立趋势跟进头寸，应该根据盘面上反方向力量衰竭的时机作出决定。

## 14. 保持适量头寸

我们在操作中要建立尽可能多的趋势跟进头寸，但是这个“尽可能多”是指在我们良好的资金风险管理之下的“尽可能多”。如果我们不顾自己的资金风险承受能力，急于求成而超量持仓，市场的正常波动就可能给我们带来巨大的心理压力和资金损失，从而造成操作失败。所以在市场中，我们建立的趋势跟进头寸既不应太少，也不能太多。我们可

以将此表述为：在适度的情况下建立尽可能多的趋势跟进头寸。

如果盘面同时出现下列几种情况则可以考虑将头寸量适当加大：

第一，基本因素出现明显供求不平衡的情况，市场呈现出山雨欲来风满楼的景象；

第二，图表分析发出相同信号；

第三，市场盘面基调与大市走势相配合。（比如上涨行情中对利空消息没有反应，甚至对利空消息作反方向解读，而稍有利好消息，价格就予以积极响应。）

认真处理好“尽可能多”与“适量”的关系很重要。如果我们实在把握不好，那就应该优先考虑“适量”的原则，毕竟我们要把控制风险放在第一位。

## 15. 不要做一百八十度转弯

不要在市场中结束一个立场后立刻持有反向立场，比如多头转空头或者空头转多头。这是因为剧烈的立场变化会导致交易商思维混乱，使我们很难保持心态平和。正确的做法是结束一个立场后静下心来，离开市场，看看山，看看水，享受生活的乐趣。

## 16.利用期权的保护功能

利用买入期权对期货头寸进行保护是一个比较好的选择。另外，作为一个交易技巧，当市场面临大幅波动的时候，同时买入看涨期权和看跌期权也应该有利可图。

# 三、入市时机

## 1.在价格运动主要走势已经形成，并已开始启动时入市建立趋势跟进头寸

在分析了市场的基本面因素后，人们很容易陷入做出买卖决策而忽略对时机进行评估的错误。实际上，最佳的入市时机是市场的主要趋势已经形成、价格运动已经开始启动，并验证了我们对市场的基本面的判断的时候。（这里必须确证趋势已经形成，必须确证价格运动已经开始启动）另外，当价格运动的逆行趋势已经结束，市场行情恢复原有的趋势方向并已开始按原有的基本趋势方向运动时，也是建立趋势跟进头寸的好机会。应该注意的是：我们强调要在价格运动的趋势已开始启动时入市，是针对价格运动从一个价值区间向另一个价值区间的运动时期而言。对在价值区间内的短线炒作，如果机械地等待价格运动已开始启动时方才入市，则往往容易造成追高杀低，从而造成不必要的损失。

## 2.在盘整末期入市,在平衡末期入市

当价格运动的震荡幅度逐渐减小，市场最终进入某一价值区间内作横向盘整，此时我们可以认为现在的期货价格正确反映了在目前基本面

情况下对未来的预期。随着时间的推移，随着基本面的潜移默化，此时的期货价格逐渐地不能正确反映基本面的状况，矛盾会渐趋紧张。当矛盾达到一定程度即将爆发的时候，这时就是好的入市机会。而矛盾爆发后价格将会向新的价值区域运动。排除人为的因素，这种运动方向应该与基本面的变化方向相一致。价格在价值区间内的横盘时间越长，则离开价值区间的运动就越可信，由此运动的距离就越大。一些市场权威认为，价格离开价值区间后的运动幅度、运动速度与价值区间在时间轴上的长度成正比。

由于盘整时期价格在价值区间内的运动时间较长，过早入市不但会劳而无功，反而会使自己心力交瘁，所以我们选择在盘整末期，即当价格以突破上下限的方式宣告盘整结束的时候，采用顺势跟进的方法入市建立趋势跟进头寸。

### 3. 在大的力量对峙中一方不支时入市

在第五章第六小节“关于盯盘”中我们曾经指出，要注意多空对峙中一方的退出。实际市场中由于人们对市场的认识不一致，多空力量的对峙时有发生。但是如果在某一价位水平多空存在严重分歧，形成双方力量的严重对峙，就会出现未平仓量急剧上升的情况。如果此时一方因力量不支而平仓退出，就会导致整个阵线的崩溃。此时顺势建立趋势跟进头寸，必然大有斩获。

在力量对峙中一方出现不支时入市，实际就是要寻找失败的一方。利用“寻找失败”的方法，我们还可以找到其他许多入市时机，比如根据中级趋势的转折点操作，根据反方向力量运动到位的情况操作，根据扭曲的市场中扭曲的极限情况操作，等等。

### 4.中期趋势为逆行趋势时的策略

我们在前面提到过，操作中要顺势而为，我们也提到过期货操作中要按中级趋势操作。但是市场中可能会出现一种情况，就是市场的逆行趋势具有较长的时间跨度和较大的空间跨度。在这种情况下，可以认为逆行趋势形成了中期趋势。那么我们该如何应对中期趋势为逆行趋势的行情呢？

首先，我们应该明白，在这种情况下的“逆行趋势”，“逆”的是较长期的趋势。我们在操作中仍然应该坚持按前面提到的，“按市场的中期趋势操作”。所以，这种情况下我们不需要“无为”，而是可以有所行动。它并不与前面所讲的“坚持单向操作”的原则相抵触。

其次，从逆行趋势的成因来看，它“是因为主要趋势的价格运动速度过快，出现了价格远远超前于基本面的情况”。另外，交易商的心理对新的价格尚未适应也是造成逆行趋势的部分成因。也就是说，逆行趋势是与基本面发展方向相反的趋势，按逆行趋势操作就要冒比较大的风险。所以，对中期趋势为逆行趋势的操作一定要慎之又慎，一定要有及时平仓的思想意识。

最后，我们一定要明确知道逆行趋势能否形成中期趋势。如果逆行趋势的时间跨度和空间跨度不足以形成中期趋势，而我们按逆行趋势操作，我们就把自己放在了一个非常危险的境地。

### 5.在获利回吐枯竭时入市

获利回吐引起的价格变动是典型的逆行趋势。根据“尽可能减少风险，尽可能扩大利润”的风险投资原则，我们不主张赚取逆行趋势利润，而是主张在逆行趋势行将结束的时候入市建立趋势跟进头寸。即在逆行趋势为强弩之末、市场已经开始转向的时候入市。用孙子的话说，叫做：善用兵者，避其锐气，击其惰归，此治气也。所以，我们可以考虑在获利回吐枯竭、获利平仓的能量基本释放时入市。

当市场中获利回吐的力量比较小的时候，价格运动也可能因获利回吐出现横盘。由于价格运动的横盘可以认为是逆行趋势的变形，因此也可在横盘结束时入市。应该注意的是：我们的入市点不是选在逆行趋势受到强有力的抵抗的时候，而是选在逆行趋势力量衰竭的时候，只要逆行趋势还有继续逆行的力量，就不应轻易入市。

### 6. 在消息出尽时入市

前面第五章第三节里我们谈到过消息对价格的影响。根据消息对价格的影响情况来看，最重要的是要弄清楚消息对价格的影响处于哪个时期。因为不同的时期里，价格对消息的反应情况是不一样的：刚公布的消息可能刺激价格运动，但是公布了一段时间的消息则可能非但无法促使价格按消息方向运动，反而可能出现反方向的运动。

一个消息作用完后价格就会丧失在这个消息作用下继续运行的动力，当所有同一方向的消息全部作用完后市场就会丧失按消息方向运行的动力。所谓利多出尽是利空（或者说利空出尽是利多）指的就是这种情况。这个时候市场就给我们提供了按消息的反方向入市的时机。也就是说，在消息出尽的时候可以考虑入市建立头寸。

当市场的基本面没有突变的时候，如果市场的利好消息出尽，那么价格就会涨至无可再涨；利空消息出尽，价格就会跌至无可再跌。既然价格已经上涨或下跌至相对极限，那么在此价位建立头寸的可能风险就比较小，可能收益就比较大，这就是我们考虑在消息出尽时入市的理论出发点。

在消息出尽时入市要注意两点：一个是要确认消息的力量已经完全作用于市场，另一个是要注意使自己的入市方向与市场中期方向相一致。

1994年，铜价受需求拉动的影响不断上涨，在六月份的时候已经从1600美元左右上涨到了2480美元。这时候有媒体报道称内贸部认为铜价虚高，国家可能采取措施平抑价格。由此上海期货铜价出现连续四个跌停。然而在这个消息过后，铜价逐步收复了失地，并达到了远高于2480美元的价格方才收场。

在上述消息刺激价格的例子中，我们可以采取的正确操作是：（1）必须待消息的作用完全释放后，即四个跌停板之后才能考虑入市；（2）由于该消息刺激后的价格运动方向（下跌）与基本面趋势的上涨方向相反，这种使价格产生与基本面相反的运动的消息往往是给我们提供了入市良机。因此一定要珍惜并利用好这种交易机会，顺势建立趋势跟进头寸。

### 7.利好出来不涨、利空出来不跌时入市

一个病入膏肓的病人，无论医生采取什么措施，无论吃什么药，

其病情始终不见好转，那么这个病人最终的结果就可想而知了。而一段时间内的市场行情，任何利好消息出来价格始终不涨，“任是春风吹不展”，或者任何利空消息出来价格始终不跌，那一定是说明在基本面上潜伏着不为我们所知的重要价格影响因素。因此，当重大利好出来价格不涨的时候，我们应该择机建立空头部位；当重大利空消息出来价格不跌的时候，我们应该择机建立多头部位。

## 8.在价值区间内的操作

有时候市场价格会长时间在某一价值区间内运行。虽然我们把这种在价值区间内的运动定义为横盘整理趋势，但是这种趋势的实用价值不大，只有期货的炒家才会利用这种行情。由于我们有一个原则，叫做“做期货而不要炒期货”，所以我们对长时间在价值区间内运行的行情可以采取观望的态度。我们应该养精蓄锐，等待价格突破价值区间的时机建立顺势跟进头寸。

## 9.注意图表关口、心理关口、干预关口和价格关口

图表关口、心理关口、干预关口以及价格关口都是市场行情展现方向的地方，因此当价格逼近上述关口的时候要保持高度警惕。一旦价格方向显露无遗后就可以顺势跟进。

# 第八章
# 持有仓位时期我们该如何思考

持仓时期的态度与取舍是期货交易的重点与难点，也是优秀的交易员凌驾于平庸者之上的重要特性之一。因为持仓时期人的情绪更容易受行情波动的影响，更容易陷入非理性状态。

## 一、控制情绪

持仓时期，交易商情绪波动越发频繁，情绪控制的难度也越发加大，也正因为如此，控制情绪也越发重要。善于控制情绪才能取得成功。

要控制情绪，就要经常按我们前面提到的健康交易心理进行自我检查。在这些注意事项中，有两点是我们持仓时期必须特别关注的：

### 1.一定要保持耐心

请记住一句话：失耐心者失天下。

### 2.坚持以局外人和研究者的观点来看待问题

有一句话叫做“不识庐山真面目，只缘身在此山中”。以局外人和研究者的观点来看问题，可以解决很多交易中的不良心理，也可以扫除我们交易过程中的许多视觉盲区。因此它是持有仓位时期保持理性的一个有效方法。

## 二、检查持仓心理

检查持仓心理，其实就是以局外人的观点来检查自己的市场心理是否科学、理性。

当我们持有头寸后，市场价格的涨跌就会对应我们头寸的盈亏，也会对应我们的切身利益。这样我们的注意力焦点就很容易集中到金钱的得失上来，从而使我们的情绪随着价格的波动而波动。我们很容易因此而产生焦虑、恐惧等不良心理。这种不良心理主要有两种表现形式：一种是在市场发展有利于自己的时候得意忘形，无法客观地把握市场脉搏。另一种是在市场发展不利于自己的时候盼望市场能够转向有利于自己的方向，从而在思想上陷入了“期望”的窠臼，最终使自己成为了市场中待宰的羔羊。

上述市场中的不良心理表现，最终都会给我们的操作带来重大损失。由于持仓阶段不可避免地牵涉到头寸问题，所以作为调整心态的重要手段，我们可以把自己的注意力焦点集中于现在的市场发展方向以及手持头寸的方向上，集中到自己选择的头寸方向是否与市场方向相一致上来。同时，我们要淡化金钱的得失。要知道：金钱只是我们对方向选择的副产品，在方向的抉择过程中，一定要保持局外人的观点。

## 三、寻求安心的感觉

所持头寸是否是正确的方向，往往是许多交易商最关注的问题。判断头寸方向是否正确，市场中有一个比较简单的可供参考的自我测试手段，就是看自己下单后是否有一种很安心的感觉。

下过棋的人都知道，如果你下的棋经过深思熟虑，如果你对棋局的总体形势和可能发展心中有数，你就不会有恐惧、担忧、患得患失等心理，你会有一种很安心的感觉。而如果我们在市场里建立了一个头寸之后，我们也拥有类似的安心的感觉，那就说明我们的入市决定是基于市场的理性决策。反之，如果我们下单后心神不宁，那就说明我们的交易中存在问题，应该引起我们的警觉。

## 四、释放市场压力

过度的市场压力是导致交易员作出非理性抉择的重要原因之一。因此，为了在市场中保持理性，我们有必要释放一部分市场压力。

### 1.不要在交易过程中计算自己的盈亏

人在交易过程中很容易根据行情联想起自己账户的盈亏情况，而计算自己账户的盈亏情况又很容易使人陷入担忧的困境，增加自己的心理压力，从而使我们在交易过程中患得患失，不能正视市场的价格变化，更无法相应地采取合适的应对措施。

在交易过程中计算自己的盈亏除了会给自己增加不必要的心理压力外没有任何意义。在交易结束后，我们有充足的时间计算盈亏。因此，永远不要在交易过程中计算自己的盈亏得失。

### 2.不要后悔

关于不要后悔这件事，我们前面曾经两次提到过，在这里我们还要再次强调。这是因为持仓阶段是最容易发生后悔的阶段，它给我们增加了不必要的压力。后悔促使人往后看，而我们在持仓阶段最重要的是往前看。因此，我们现在需要的不是后悔，我们现在需要的是在当前条件下的合适举措。

面对市场压力的时候我们要设法放松自己，设法释放一部分市场压力。如果我们实在无法面对当前的压力，不妨将手中的头寸部分平仓，直至持仓总量与自己的心理承受能力相匹配为止。

## 五、坚持以行情走势决定后期操作方案

交易员在持仓阶段往往有以下通病：当手中的头寸有盈利的时候，为了防止价格出现反复，确保“胜利果实”而将头寸轻易平仓；而当手上的头寸出现亏损的时候，又不甘心接受亏损的现实，希望价格回到自己的入市点位，从而保留亏损的头寸，将主动权交给了市场的不确定性。最终的结果就是保留了亏损的头寸，了结了盈利的头寸。这种结果与我们“控制损失，让利润充分成长”的初衷正好相背离。

根据自己的持仓情况决定交易策略存在着明显的谬误。但是在实际交易过程中，我们经常会不自觉地犯这种错误。为杜绝持仓阶段的这种错误发生，我们有必要经常提醒自己：要坚持以行情走势决定后期操作方案的原则，放弃以持仓为出发点的错误做法。

坚持按行情走势决定后期操作方案的原则，就是要坚持按市场的中级趋势的转折点进行操作。它包括在第一时间内处理遗失头寸以及正确持有趋势跟进头寸两个方面。也就是说，如果头寸方向错误，就应该立即承认失败，切不可因为个人面子等因素心存侥幸心理；如果头寸方向正确，就应该持仓至中级趋势的转折点。

## 1.第一时间处理遗失头寸

我们把因为对行情的判断失误而建立的与趋势相反的头寸以及因市场因素发生变化后失去盈利潜能的头寸定义为遗失头寸。对于遗失头寸，我们的原则是在发现的第一时间予以抵消，而不应理会头寸的盈亏情况以及现在的行情走势情况。

处理遗失头寸是一个比较伤面子、伤自尊的行为。但是我们一定要明白：看错行情是一个错误，为维护面子和自尊而寻找借口是另外一个新的错误。同时我们还要明白：投机的高风险是看错行情的风险，而维持自尊放大了这种风险。维持自尊的成本是亏损扩大以及丧失下一个机会。

交易失败是交易的正常结果之一。古语说：善败者不乱。据此，许多人提出了各种止损的方法，比如机械止损、技术止损等等。对此，我们的基本思路是君子不立于危墙之下，我们应该在发现遗失头寸的第一时间立刻止损。

## 2.有半年不平仓的耐心

持仓阶段的另一个错误就是没有在合适的时候了结趋势跟进头寸。这主要表现在当自己所持有的头寸为趋势跟进头寸时，交易商往往无法正确对待浮动盈利。许多交易商往往担心市场将自己的浮动盈利夺走，同时认为反正是盈利，来得容易，于是轻易地了结了趋势跟进头寸。未曾想到了结了头寸之后，市场还有很大的发展空间，此时再后悔已经来不及了。

轻易了结趋势跟进头寸的最大害处是：你很可能最终被排斥在局外

坐冷板凳而无法分享趋势运动的成果。

对于趋势跟进头寸，我们要耐心等待其成长。这是因为期货投资的目的就是着眼于未来的收益，投资收益本身就蕴涵着时间因素的作用，所以我们需要给趋势跟进头寸以成长所需的时间。另外，我们可以看到，许多大的盈利都来源于对已经捕捉到的长期趋势的执著坚持而非短期炒作。如果我们轻易了结趋势跟进头寸，我们无异于是割掉了刚刚抽穗的麦苗，我们将因此无法享受丰收的喜悦。

其实，只要是趋势跟进头寸，我们就没有必要过度担心，这是因为趋势不会轻易改变。

一般而言，一轮趋势的结束到另一轮趋势的开始，中间会有一个过渡时期，该过渡时期用以调整人们的心理，促使人们重新思考市场，重新认识市场。所以为保险起见，我们理想的平仓理念应该是：尽量长时间与趋势共舞，在接近中期趋势的转折点平仓，在市场心理出现转折的时候平仓。

以下三句话可以供我们持有趋势跟进头寸的时候参考：

（1）如果我们所持有的头寸确实为趋势跟进头寸，那么出场不怕过晚，只怕过早；

（2）要摆脱盈利的诱惑以及对波动的追逐；

（3）要耐得住寂寞，有半年不平仓的耐心。

总之，持仓阶段比较完美的操作是：根据市场告诉我们的客观实际，第一时间抵消已经确认的遗失头寸，保持并择机增加趋势跟进头寸，直至趋势接近终点。

## 六、如何加仓

正确加仓是做足行情、扩大盈利的必备技巧之一。

### 1.永远不在亏损部位加仓，永远不要追加保证金

期货交易是保证金交易。它具有杠杆作用及时间限制，因此期货交易不能像股票交易那样采取摊平成本的方法操作，也就是说绝对不能在亏损部位加仓。

在期货交易中出现亏损，说明我们的持仓方向是错误的方向。因此，追加保证金去捍卫一个错误的部位是一个错误的行为，而建立新的错误部位则是错上加错。

在亏损部位加仓为交易商打开了地狱的大门。因此我们要永远记住：绝不在亏损部位加仓，绝不追加保证金。

### 2.如何在盈利部位正确加仓

永远只在盈利的时候顺势加仓，这应该是我们的一个原则。盈利时顺势加仓的目的就是为了尽量增加趋势跟进头寸，尽量扩大战果。但是如果我们加仓的方法不对，这种加仓行为不但不能达到我们预期的效果，反而可能给我们造成损失。

（1）**要控制加仓量**

现在很多交易所的结算方式上已经没有了“浮动盈亏”这个概念了，但是作为加仓时的仓量控制，我们还是可以引用“浮动盈亏”的概念进行操作。

当我们准备在盈利的部位加仓的时候，我们的在手头寸已经有了一定的浮动盈利。我们可以把原有的资金以及头寸放在一边暂不考虑，把浮动盈利作为开仓资金，根据浮动盈利的多少考虑加仓量的多少，以此作为加仓量控制的手法。

（2）**加仓方法**

在加仓的资金量基本确定，加仓量也确定后，我们应该如何正确加仓呢？一个简单的办法就是仍然把原来的头寸及资金搁置在一边，把要新加的仓位作为在市场中要新建立头寸来考虑。这样一来，我们在什么时候加仓、如何加仓，就应该参考第七章“如何把握入市时机”确定。

加仓方法中最应该提醒的一句话就是：让市场告诉我们怎么去做！

## 七、不要在持仓过程中轻易改变交易计划

我们在入市之前建立了一些交易计划。这些入市前的交易计划是在冷静、客观、理性的状态下作出的，有其合理性。在持仓阶段，我们的情绪会随着行情的起伏而起伏，要保持入市前那样冷静客观的心理状况有一定难度。因此，除非我们有充足的理由，一般就不宜在持仓过程中轻易改变交易计划。

# 八、经常检查自己操作的正确性

持仓阶段需要经常检查所持仓位的正确性，这即是一件非常重要也非常必要的工作。

为什么我们必须经常检查仓位的正确性呢？首先这是因为没有人能够彻底了解市场。即使是最有胜算的买卖，也不乏失败的先例。对一些与我们的判断相冲突的些小现象掉以轻心，很可能最终导致全线崩溃的结果。

其次，人的预期与现实是有区别的：预期是我们的主观判断，而现实则是市场的客观实际情况。这就像天气预报与天气的关系一样：预期是天气预报，现实是天气的实际情况。在作出了天气预报之后，我们要经常检查天气的实际情况与我们的预报有哪些差异。在按预期持有仓位之后，我们也要经常检查市场的实际情况与我们的预期存在哪些异同，必要时进行适当的修正。

最后我们应该明白，市场是运动的，影响市场的各种因素也是在不断变化的，我们的正确认识也因此会逐渐过时，在新的市场环境下，我们需要对自己所持的仓位的正确性进行评估，也就是要经常进行自我检查。

实际上从更广泛一点的角度来说，经常检查自己操作的正确性还包括对自己持仓时期的心理进行自我检查。这个时候我们应该记住的一句话是：对市场的非情感化是成功交易的基础。

## 九、重视盯盘

上面我们已经谈过，市场在不断运动，影响市场的各种因素也在不断变化，因此通过盯盘观察这些变化是很有必要的。

关于如何盯盘我们可以参考本书第五章“如何参透市场玄机”里的第六小节。这里需要特别强调的是要注意涨势中的受阻回落和跌势中受支持反弹情况的研究，要注意它们运行的力度，思考其代表的意义，推测后面可能的运行空间。

最后，盯盘的时候一定要注意市场中刺激因素的能量释放情况。单一因素的能量释放会促使价格向某一方向运动，而该因素的能量释放完毕就会丧失其推动力。如果某一方向的多个因素的能量均释放完毕，该方向就会出现运动失败，价格就会出现转折，从而为我们提供可靠的市场机会。

# 第九章
# 如何把握出市时机

正确选择出市时机对于成功操盘具有重要意义。它既可以通过果断斩仓控制我们看错行情时的亏损，也可以通过在合适的点位平仓使趋势跟进头寸的利润充分成长。所以，我们有必要高度重视出市时机的研究。

## 一、出市时机问题上存在的两个通病

交易员在把握出市时机的问题上往往容易犯两个通病，即重视程度不够和行为结果出现偏差。

首先是重视程度不够的问题。在交易员中往往存在慎于进场而轻于出场的毛病。而实际上，选择出市时机是和选择入市时机同样重要的工作。从某种程度上来说，不懂在合适的时候出市比不懂在合适的时候入市更加危险。以开车为例，选择合适的入市时机就好比发动汽车行走，它是获得成功的必备条件；正确持有仓位好比稳定行驶，它是车辆到达目的地的必要过程；在合适的时候平仓出市好比汽车的刹车，它是控制风险的必需手段。如果我们不高度重视把握出市时机，我们就如同开着一辆没有刹车的车辆前行，其风险可想而知。所以，要把握好出市时机，首先必须在思想上对平仓行为予以高度重视。

其次是行为结果出现偏差的问题。出市时机把握得不好，往往表现为过早离场和过迟离场。就像开车一样，过早离场是车子离目的地还有很远距离我们就踩了刹车，过迟离场是车子已经到了目的地我们还没有刹车，而目的地后面很可能是水塘或者悬崖。因此把握出市时机就是要在合适的时候平仓出市，其关键点是“在合适的时候”。

## 二、准备平仓时应该保持理性思维

当我们认为有必要平仓时，我们仍然处于持仓阶段。因此，持仓阶段的心理控制方法、思维方式、交易原则等仍然适用于平仓时期。除此之外，我们还有以下四点需要特别注意：

### 1.不要对行情抱有幻想

当行情发展对自己不利的时候，我们千万不能对行情抱有幻想。我们所说的“幻想”是指对行情的一种期望心理。关于这一点，我们在第五章第六节第八点“要注意消除期望心理”中已经作了详细的探讨。在这里，我们有必要对此进行再次强调，这是因为行情发展对我们不利的时候，也是我们最容易对行情产生期望的时候。对此我们要给予足够的警惕。

### 2.不要因微小的价格波动而交易

在第七章“如何把握入市时机”里我们曾提到过，要“放弃小的波动，寻找战役性机会”。这种“抓大放小”的原则，不仅适用于入市时机的把握，也适用于出市时机的把握。

期货市场和股票市场的价格经常会出现一些细小的无序的波动。这种细小的无序的价格波动属于价格运动过程中的运动噪音，它不但没有什么操作价值，反而容易使我们迷失趋势方向，失去自己的头寸部位。因此在操作过程中，我们必须识别并过滤这种运动噪声，紧紧把握中级趋势，不因微小的价格波动而交易。

### 3.接受亏损，明白亏损是正常的交易结果

市场行情走势具有不确定性，交易结果也具有不确定性，因此亏损是交易的一种可能结果，所有的交易者都有亏损的可能。市场中不是所有的交易都可以以盈利结束，我们应该接受亏损，同时在面临亏损的时候也没有必要过于责备自己。

因亏损而影响情绪，加大了亏损的负面效应。实际上，认亏时我们处理掉了一个遗失头寸，说明我们改正了一个错误。这是一件可喜的事情，我们不应该因此而沮丧，而是应该因此而振作起来。

胜负乃兵家常事。坦然接受亏损，意味着我们面对亏损仍然能够保持平常心，意味着我们能够忘记过去，也意味着我们能够采取当前最合

适的举动，更意味着我们为下一次机会做好了准备。

### 4.不要局限于长线短线的观念

一些交易商在做交易的时候，习惯把自己建立的头寸定位于长线头寸或短线头寸。实际上，我们建立趋势跟进头寸的目的是要用该头寸跟随完整个中级趋势，这中间和长线短线没有关系。我们不能因为建立的是长线头寸而该平仓的时候不平仓，也不能因为建立的是短线头寸而随意平仓。所以在交易思维上，最好要放弃“长线、短线”的观念。

在第五章第十一点“我们的成功实例”中我们曾经提到过要建立2000～3000吨短线头寸。这种思维在当时的情况下存在局限性，在今后的操作中应该设法避免。

## 三、平仓时机的把握

下面我们罗列了六条平仓时机。这六条平仓时机都是根据不同的经验所得，但是其共同的出发点都是一样的，即“在运动失败或即将失败的时候平仓”。

### 1.对遗失头寸第一时间平仓

在第八章第五节第一点“第一时间处理遗失头寸”里，我们已经对遗失头寸的平仓进行了探讨。在平仓阶段，我们有必要重温这一章节，并严格按照其思路操作。

实际操盘过程中，有时候我们不能判别所持头寸到底是趋势跟进头寸还是遗失头寸。这种情况说明我们对所持有的头寸没有把握。我们把交易员在市场中处于犹疑不决的情况也视为遗失情况。因此这种情况下所持有的头寸也可以被视为遗失头寸。所以，对不能判定是否为遗失头寸的所持头寸也应该在第一时间平仓。

最后要再次强调的是：一定要谨防因个人自尊的原因延误了对遗失头寸的处理。我们要将理性的操作与自尊心分开，决不可因自尊心而影响理性的操作。不能理性地处理遗失头寸至少有以下三个害处：第一是可能使金钱的损失扩大化；第二是失去把握下一个机会的可能，第三是一个交易的失误往往引发一连串的失误，从而使交易员步入深渊。当然，最终的结果是交易员彻底丧失自尊。

### 2.顺势力量为强弩之末时平仓

当一轮中级趋势运行临近终结的时候，市场中往往出现买卖双方力量势均力敌的状态。这个时候顺势方向的力量已经是强弩之末。随着时间的发展，市场中将会出现顺势方向（原运动方向）的运动失败。这种运动失败有可能成为战役转折点，成为中级趋势的终结点。因此，当我们发现顺势方向的力量为强弩之末时，我们应该平仓离场。

### 3.距离终结点有一定距离时就应平仓退出

期货操作中有一个说法，就是在期货操作中只吃“甘蔗”的中间部分，把两边让给别人去吃。

为什么只吃中间的部分呢？这是因为“甘蔗”最甜的底部部分，就是趋势启动的时期。这个时候入市的利润最大，但同时由于趋势并不特别明朗，因此其风险也相对较大。而“甘蔗”的顶部，也就是趋势接近终点的时期。这个时候“甘蔗”的甜度逐渐下降直至完全消失，趋势跟进头寸的利润也越来越小，直至完全消失。如果我们一直吃到“甘蔗”的顶部，我们会发现，“甘蔗”的顶部其实是苦的。如果我们留仓到趋势结束，我们会发现，趋势的终点其实风险很大。

我们在“如何把握入市时机”里曾提到过要保留安全边际。同样地，在“把握出市时机”的时候我们也要保留安全边际。距离终结点有一定距离就平仓退出，就是为自己的趋势跟进头寸留下安全空间。

一个好的交易员能够估算出自己所持有的趋势跟进头寸的含金量。当趋势跟进头寸的含金量比较大的时候我们可以持有它，当其含金量比较小并且开始向负值方向移动的时候我们就应该立刻平仓退出。

### 4.价格进入阻力区或者支持区的时候考虑平仓退出

一般而言，价格进入一个强有力的阻力区或者支持区的时候，市场的中级运行趋势会在此长时间受阻，我们可以认为中级趋势阶段性结束，这时我们应该平仓退出，以使自己保持良好的身心状态，从容应对下一个机会。

在另外一种情况下，价格的阻力区或者支持区的力量不强，那么趋势在此受阻的时间就不会很长。这种情况下中级趋势只是在此暂时停留，并未完结，因此我们就不应该平仓退出。

## 5.身心状态不好时应该平仓退出

我们前面曾经说过，期货交易的成功和赢得棋类比赛的胜利有相同之处，需要我们在体力和智力上都达到最佳状态。我们可以自己审视一下自己的身心状态：如果我们的身体正遭受失眠以及其他疾病的折磨，我们应该立即平仓退出；如果我们的头脑正遭受巨大的失望、焦虑，而我们无法化解这些不良心理的时候，我们也应该立即平仓退出；如果我们在交易过程中失去了信心，我们更应该平仓退出。

平仓退出，静静地待在市场外围，静观其变，有助于我们重建对市场的清醒认识，有助于我们下次交易的成功。

## 6.操作不顺手的时候应平仓退出

在操作不顺手的时候应该立即平仓退出。

操作不顺手，说明我们的操作出了问题。要么是我们的操盘心理出了问题，要么是我们的判断出了问题，要么是我们的交易策略出了问题。不论是哪方面的问题，都会给我们造成损失。这种情况下，第一时间平仓离场的损失是最小的损失。

赔钱会影响一个人的判断力。赔钱的损失不仅在于赔钱本身，更在于当真正的市场机会降临的时候它会阻碍你对市场的判断，使你无法入市，使你贻误战机。摆脱赔钱的最佳、最有效手段就是立刻平仓离场。

# 第十章
# 平仓离场后该做的事情

平仓离场后，交易员的工作并没有结束。

交易员跟踪完一轮中级趋势，就像一支部队打完一场战役。战役结束后，部队需要休整，需要总结战役得失。做完一轮中级趋势，交易员也同样需要修整，需要进行自我剖析。

## 一、交易结束后需要留出休息时间

做完一轮中级趋势，交易员的身心都会感到非常疲惫。此时我们需要给自己休息的时间。

在休息的时间里，我们可以尽情享受胜利带给我们的喜悦，也可以用平淡的生活抹平市场带给我们的创伤。我们应该去享受阳光、享受生活，应该体会到交易之外的人生同样绚丽多彩。

### 1.平仓离场后，不要急于做反手交易

一轮中级趋势结束之后，往往可能是新一轮中级趋势的开始。但是面对新的一轮中级趋势，我们不宜反手交易。

首先，聪明的指挥员不会在一场战役结束后，以疲惫之师与敌人的有生力量决战。穷兵黩武，劳师远征，获胜的几率就要大打折扣。而新一轮趋势的反手交易，不仅要求我们在疲惫的状态下投入交易，而且新的交易方向与原有交易方向往往相反，因此违背了我们在“如何把握入市时机”一章里所要求的“不要做一百八十度转弯”的交易策略，所以我们对反手交易要慎之又慎。

其次，由于我们的入市点是选择在“价格运动主要走势已经形成，并已开始启动时入市”，同时出市点留有一定安全空间，那么从上一轮中级趋势结束到下一轮中级趋势启动，中间存在一定时间。在该时间里我们不必急于交易。

最后，反手交易应该作为一场新战役的开始，整个战役的策划安排需要时间。因此在一轮交易结束后，一般不应开始反手交易。

### 2.利用休息时间平息翻本心理

一场战役失败了，很多指挥员往往渴望有复仇的机会，一轮行情结束，在市场中产生了亏损的交易员最容易产生翻本心理。在第六章“操作前该做的工作”里我们曾提到过，不要幻想入市后可以捞一把，也不要急于入市夺回损失。我们现在产生的翻本心理，就是为了入市夺回损失。但是我们应该知道：市场是没有怜悯之心的。它绝对不会因为你遭受过损失而对你格外开恩。钱亏就亏了，它永远不再属于您了。

亏损除了证明我们犯了错误外，还证明我们具备了进一步犯更大错误的条件，因此急于翻本只会导致更大的损失。这时我们唯一的办法就是离开市场，利用一段时间的休息平复我们的翻本心理。待在市场之外，直到我们的心理健康为止。

### 3.利用休息时间去除骄傲心理

在第三章“健康交易的心理建设和身体建设”中，我们已经谈到过，要知道自己的无知，要警惕成功。

由于成功操作一轮中级趋势结束后的利润往往非常可观，人们很容易在交易结束后产生骄傲心理，对我们前面章节里的劝告置若罔闻。这时候唯一的方法就是用休息清醒我们的大脑，用休息去除骄傲心理。

交易场中没有值得骄傲的事情。我们可以看到，一些投机商在市场中也曾有过巨大的盈利，但是只要他还在市场中交易，他就没有最后成功。要想取得最后的成功，只有把盈利视为本钱，一切重新开始。这样，当您金盆洗手的时候，永远不再踏入这个市场的时候，您才可以稍微松一口气。

## 二、交易结束后需要进行交易总结

一场战役结束，平庸的指挥员会因为胜利而欢欣鼓舞或因为失败而沮丧，会清点战场得失，补充兵员，会努力去做许多善后的工作。这些工作当然很有必要，但是不同于一般的指挥员，优秀的军事家会更多地把时间精力用于战役总结。一轮中级行情结束，交易商也应该对整个交易过程进行剖析。分析一场战役的起因、布置、执行、得失有助于打好下一场战役，分析一波行情的成因、交易员的应对、操作策略的得失、交易心理的掌控等等，有利于我们提高交易水平，做好下一步工作。所以交易结束后一定要进行交易总结。

下面这部分文字是我们查到的1937年11月平型关战斗总结。（原文未作任何改动）

第八路军终于在九月中旬开到了晋北的前线，它开始执行它在抗日战争中的神圣任务了！

在全国同胞热烈的期望下，我们于9月25日在平型关与日军接触了。不负全国民众与友军的期望，不负第八路军十年来的荣誉，我们这次的第一次交战获得了伟大的胜利！这一仗的确给了日军以重创，提高了全国军民的抗战的信心，特别是更加提高了第八路军的威信！

在这次初步与日寇交锋的战斗中，我们更获得了不少抗战的经验。这不但值得第八路军全体指战员与战斗员学习，我也愿意把它贡献于全国的抗战的“友军”与一切抗日的民众，作为对今后抗战的认识。据我个人在这次战斗中所感觉到的是：

一、一到山地战，敌人的战斗力与特长均要大大降低，甚至于没有。步兵穿着皮鞋爬山，简直不行，虽然他们已爬到半山，我们还在山脚，但结果我们还是先抢上去，给他一阵猛烈的手榴弹，他们只好像滚萝卜一样地滚下去了，炮兵则难于（以）运动与找阵地。坦克车呢，有些地方简直使它英雄无用武之地。飞机的作用也不大。

二、敌人轻视中国军队，成了习惯，便由骄矜而疏忽，不注意侦察警戒，不爱做工事，打起仗来，先让飞机和大炮显神通，等到猛攻时，他们的步兵连阵地也不爱占领，只阴蔽在沟内休息。这样的敌人，当然便利我们袭击，所以我们这次一切布置得妥妥当当，向他们开枪了，冲锋了，他们才知道。

三、敌人不仅是弹药要靠后方输送，连粮食都要靠日本送来。他们的后方线已扯长有千里多，在这样的情况下，把他们后方线一切断，他们的困难就可想而知了，可以弄得他们进退维谷。所以发展游击战在敌人后方活动是非常重要的。此次平型关战斗，我们正是派了一部分人在敌后路上阻滞其增援部队及粮食供给，最近又占了浑源、广灵等县。

四、利用敌人攻击友军阵地时，袭击敌人侧后方，这是最好的战法，比在其中和刚到阵地而未站住脚时去袭击还要好些。这次就是利用敌以全副兵力注意对付友军时，突然在他们的后方大打起来。

五、为了避免他们的炮兵和飞机，战斗开始后要迅速接近敌人，投入肉搏，连续冲锋，使敌人的炮不好放，要放就连自己的队伍也遭了殃。

六、友军在战斗中的配合，实在太差了。他们自定的出击计划，他们自己却未能遵守。你打，他旁观，他们时常吹牛说要决战，但却决而不战；或向敌人打而又不坚决打，他们的部队本来极不充实，在一个突击中，却以区区的八个团兵力分成三大路，还留了总预备队，而每路又相隔十多里或二十多里，这样不仅缺乏出击力，而且连被我们打败了而退下的敌人他们碰着了，竟不但不能消灭之，反而被这些突围的敌人冲垮了，他们的指挥真笨极了，特别不能真正了解与运用在战役上与决战的地点与时机集中绝对优于敌人的步兵、炮兵、飞机以猛攻敌人。

七、敌人实在有许多弱点可为我乘，但敌人确是有战斗力的。也可以说，我们过去从北伐到苏维埃战斗中还不曾碰到过这样强的敌人。我说的强，是说他们的步兵也有战斗力，能各自为战，虽打败负伤了，亦有不肯缴枪的。战后只见战场上敌人尸体遍野，却捉不着活的。敌人射击的准确、运动的阴蔽、部队的掌握，都颇见长。对此种敌人作战，如稍存轻敌观念，做浮躁行动必易受损失。我们的部队仍不善做疏散队形之作战，特别是把敌人打垮后，大家拢在一团，喧嚷："老乡！缴枪呀！"——其实对日本人喊"老乡缴枪"，不但他们不懂，而且他们也不是老乡——这种时候，伤亡往往很多。在"抗大"的军事教育中，特别要教育干部了解正规战斗中的战斗队形之运用。

八、日兵之死不肯缴械，一来因日本之武士道教育、法西斯教育，同时也因他们对中国军民太残暴，恐怕中国人报复，但最主要的，是过去"华北军队"对日军俘虏政策之不正确，采用野蛮的活埋、火烧、剖肚等办法。故我们今后须加紧对日本士兵的日文日语的政策宣传与优待俘虏。

九、夜袭是战胜日寇的重要作战手段。敌怕夜袭，他们的技术威力一到夜间有的竟至全无作用。我们要努力，非常努力地去学习夜战，以此为特长以战胜日寇。

十、我八路军在目前兵力与技术条件下，基本上应以在敌后袭击其后路为主。断敌后方是我们阻敌前进争取持久的最好方法。如经常集中大的兵力与敌作运动战，是不适宜的。

十一、"中央军队"如果还是守着挨打战术，便真糟糕透了。他们对主要点应坚工固守，而不应到处守，应行决战防御与运动战，应集中优势兵力、飞机、大炮于决战点。至于他们军官的调动、政治工作的建立和对群众关系的改善，都是他们很重要的问题。

十二、我们的军事技术，特别是战斗员与班排连长的技术与战术教育，实在还须大大的努力。过去大半年，部队虽然得到了休息整顿的机会，在风纪、礼节与正规化上进步很多，但对战术训练还很差。今后应努力加强这方面的教育。

经过这次的战斗，部队中的一般情形更加活跃了，战斗的情绪高涨万分。战地群众对我军与友军完全是两个态度。见友军就逃，见我军到了又转回。八路军所到之处，受群众热烈的欢迎与夸扬，不是无因的。

这一切经验与教训都值得我们虚心地学习，运用在今后的抗战中，这些都是我们争取抗战胜利的必要条件！

从上面的战斗总结中我们可以看到一个指挥员必须具备下列品质：

**（1）认真细致的观察作风**

从战斗总结中我们可以看到，一个优秀的指挥员善于对战役的各个细节进行认真观察。通过这次战斗，我们发现了日军的许多弱点，比如日军的机械化装备不适于山地战，比如日军的骄傲麻痹心理等。

**（2）善于从战争中总结战争，找到战斗过程对我们的启发**

通过平型关战斗，我们发现敌人的补给线较长，可以通过发展敌后游击战打击敌人的补给，从而达到有效打击敌人的目的。这种思路为我军后来开展敌后游击战作了重要铺垫。

除此之外，比如在战斗中要近身肉搏等等，也是这次战役对我们的启发。

**（3）要注重客观性**

战斗总结中客观地评价了日军的战斗力及战斗精神，并对其战斗精神进行了分析，有针对地提出了应对措施，如“今后须加紧对日本士兵的日文日语的政策宣传与优待俘虏”。同时战斗总结中也客观地分析了自己的弱点，认为“经常集中大的兵力与敌作运动战，是不适宜的”，等等。

我们要成为一个优秀的交易员，就要像一个优秀的指挥员那样，认真做好交易总结。在总结中，我们也应该对我们的交易进行细致的观察分析，也应该保持客观，对自己的弱点不讳疾忌医。需要特别指出的是，做交易总结要避免流于形式，不要为总结而总结。总结中要注意剖析市场特性，分析市场性质发生的变异，要注意交易总结的最终落脚点是要找出交易过程对我们的启发。另外要根据我们总结的情况，发现并妥善解决我们在交易过程中存在的问题，有针对性地提出改进措施。这样，我们的交易水平、交易成绩就会不断提高。

# 第十一章
# 套利技巧及风险控制

## 一、套利简介

除了套期保值与投机交易以外，期货市场还有一种相对稳健的交易方式叫做套利交易。套利交易是指在期货或者现货市场中同时交易两个合约，从而形成一个投资组合并利用投资组合中合约间价差关系的改变获取利润。目前商品市场中比较流行的套利方式主要有跨期套利、跨市场套利、跨商品套利三种基本类型。

由于套利交易同时交易两个合约，这两个合约受相同市场因素的影响，一个合约对另外一个合约的意外价格变动提供保护，而套利交易的利润仅仅来源于两合约间相对价格的变动，所以套利交易具有风险小、收益稳定的特点。也正因为如此，套利交易深受一些稳健型投资者的喜爱。下面是几种套利的基本操作及注意事项。

## 二、跨期套利

跨期套利是指在同一交易所同一交易品种、不同交割月份之间的套利活动，比如对上海期货交易所三月铜合约和四月铜合约之间的套利。

如果我们把现货看作是交割时间为零的期货合约，那么根据上面跨期套利的概念，期现套利也可以视为跨期套利的一种。因此跨期套利就包含了两种套利方式，即期现套利和跨月套利两种。

### 1.期现套利

由于现货合约不是期货交易所的交易品种，因此期现套利只是近似于期货套利，而不是完全意义上的期货套利行为。期现套利操作的依据是影响期货价格的因素也同时影响现货价格，现货价格基本跟随期货价格波动，只是现货价格对期货价格的跟随速度在价格急涨或急跌时有所不同。从市场交易的实际情况来看，当价格发生急剧上涨的时候，现货相对期货会发生较大贴水（当然也可能由于供应短缺产生较大升水）；而当价格发生急剧下跌时，现货又容易出现较大升水。由于升贴水额达到1000元甚至更多的情况屡见不鲜，于是就为我们的套利操作提供了获利空间。

**（1）买现卖远**

当价格发生急剧上涨的时候，现货价格变动比期货价格变动迟缓，由此会发生现货价格低于期货价格的现象。

当市场供应大于需求的情况比较严重，人们在现货市场中的采购意愿淡薄的时候，现货价格也会较期货价格出现较大贴水。

在市场出现较大贴水的情况下，期现套利的方式是买现卖远，即在现货市场买进商品，同时在期货市场卖出等量商品，由此获取价差。2011年2月14日上海市场的期现套利实例如表11—1：

表11—1

| 2011年2月14日上海铜市场期现货价格情况 | | |
|---|---|---|
| 现货价格（以当日中间价为例） | 期货价格（以当日收盘价为例） | |
| 现货价 74300 | Cu1102 | 74290 |
| | Cu1103 | 75050 |
| | Cu1104 | 75580 |
| | Cu1105 | 76270 |
| | Cu1106 | 76510 |

操作上，买进现货，同时在期货最活跃月份Cu1105上卖出等量合约，之后将存在两种选择：

随着价格回落，现货贴水额将会缩小。在此情况下，将现货销售给用铜厂家，同时期货平仓，完成期现套利过程，见表11—2。

表11-2

| 2011年3月14日上海铜市场期现货价格情况 | | |
|---|---|---|
| 现货价格（以当日中间价为例） | 期货价格（以当日收盘价为例） | |
| 现货价 68750 | Cu1102 | 已经到期 |
| | Cu1103 | 68750 |
| | Cu1104 | 68730 |
| | Cu1105 | 68630 |
| | Cu1106 | 68600 |

则操作盈亏情况如表11-3：

表11-3

| 日期 | 2月14日 | 3月14日 | 盈亏 | 套利效益 |
|---|---|---|---|---|
| 操作 | 买现货卖期货开仓 | 卖现货买期货平仓 | | 效益<br>=期货盈亏+现货盈亏<br>=-5550+7540<br>=1990（元/吨） |
| 现货价格 | 74300 | 68750 | 68750-74300<br>=-5550 | |
| 期货价格 | 76270 | 68630 | 76270-68730<br>=7540 | |

上述实例显示，我们用一个月的时间取得了很好的期现套利收益。

如果出现极端情况，比如说我们在2月14日买进后一直到5月15日都没有贴水收窄的情况出现（实际交易过程中这种情况基本不会出现，因为从期货交易的原理来说，市场不存在长期的套利机会），则可以将买进的现货制作成仓单交到期货交易所进行交割，仍然可以保证稳定盈利：

期现价差=76270−74300=1970

利息≈9元/吨·日×90=810元

我们可以看到，其他费用如仓储费、打包费、进库费等共计不到100元，期现价差减去利息和其他费用后我们仍然可以获得稳定盈利，见表11−4。

表11−4

<table>
<tr><th colspan="2">调整前收费标准</th><th>调整后收费标准</th></tr>
<tr><td colspan="3">仓储租金</td></tr>
<tr><td>1.库房</td><td>0.40元/吨*天</td><td>取消</td></tr>
<tr><td rowspan="2">2.货场</td><td rowspan="2">0.25元/吨*天</td><td>铜、锌：0.30元/吨•天</td></tr>
<tr><td>铝： 0.40元/吨•天</td></tr>
<tr><td colspan="3">进库费用</td></tr>
<tr><td>1.专用线</td><td>24元/吨</td><td>26元/吨</td></tr>
<tr><td rowspan="2">2.自送</td><td rowspan="2">15元/吨</td><td>18元/吨</td></tr>
<tr><td>30元/吨（集装箱）</td></tr>
<tr><td colspan="3">出库费用</td></tr>
<tr><td>1.专用线</td><td>24元/吨</td><td>26元/吨</td></tr>
<tr><td rowspan="2">2.自提</td><td rowspan="2">10元/吨</td><td>15元/吨</td></tr>
<tr><td>25元/吨（集装箱）</td></tr>
<tr><td>分检费</td><td>5元/吨</td><td>取消</td></tr>
<tr><td>代办车皮申请</td><td colspan="2">5元/吨</td></tr>
<tr><td>代办提运</td><td colspan="2">2元/吨</td></tr>
<tr><td>加急费</td><td>3元/吨</td><td>取消</td></tr>
<tr><td colspan="3">打包费</td></tr>
<tr><td>1.铜</td><td colspan="2">20元/吨</td></tr>
<tr><td>2.铝</td><td colspan="2">35元/吨</td></tr>
<tr><td>3.锌</td><td colspan="2">30元/吨</td></tr>
</table>

下面是2011年4月22日上海期货交易所公布的有色金属指定交割库相关费用明细：

①仓储费

②过户费

过户费是指指定交割库在审核标准仓单的所外转让时收取的费用。该费用由指定交割库向受让方单边收取。铜、铝、锌的过户费由调整前的3元/吨调整为1元/吨。

③打印费

仓单所有人向指定交割库申请打印纸质仓单的，指定交割库收取100元/张的打印费。

（2）**卖现买远**

当市场出现严重的供不应求情况，人们为保持生产正常，会以高于期货的价格抢购现货，这时就会出现现货升水。

另外当市场快速下跌时，由于现货下跌速度慢于期货，市场也可能出现现货升水。

当市场现货升水的时候，交易商可以卖出现货，同时在期货市场买入远期期货合约。这样做的优点是既可以获得套利收益，同时还可以降低库存成本。

表11－5是2010年7月15日期现套利之卖现买远实例：

表11－5

| 2010年7月15日上海铜市场期现货价格情况 | | |
|---|---|---|
| 现货价格（以当日中间价为例） | 期货价格（以当日收盘价为例） | |
| 现货价格53670元/吨 | Cu1007 | 53780 |
| | Cu1008 | 53480 |
| | Cu1009 | 53170 |
| | Cu1010 | 52870 |

操作上，我们可以在2010年7月15日卖出现货，价格为53670元/吨，同时买进期货Cu1010远期合约，价格为52870元/吨，至10月20日交割，可以获得毛利53670−52870=800元/吨，另外还可以获得三个月的免费资金周转。

期现套利之风险规避要点：

（1）无现货背景和资格的交易商不宜从事期现套利；

（2）注意现货交割风险。期货交割商品要符合一定的交割标准；

（3）期现价差要有利润空间：这里所指的利润空间是指除去利息、手续费等各项合理费用后的价格空间；

（4）现货渠道要保持畅通：期现套利的现货数量一定要与期货相匹配，要防止现货渠道不畅通导致买不到现货或者卖不出现货，或者因此而导致需要高价买货或低价卖货的现象发生。要注意现货的数量、质量与期货相近，另外还要关注是否可以生成注册仓单。

## 2.跨月套利

跨月套利利用的是同一市场品种的不同交割月合约的基差变动来获利。其操作是买入某一月份期货合约的同时卖出另一月份的期货合约，当基差扩大或者缩小到一定程度时将两个期货合约同时平仓，从而获取基差变化带来的利润。

跨月套利在必要的情况下也可以采用交割的方式了结合约。

和期现套利一样，跨月套利也可以分为买近卖远和买远卖近两种方式。

**（1）买近卖远**

跨月套利的买近卖远，顾名思义就是买进近期期货合约，同时卖出远期合约。

同样还是上面2011年2月14日的行情，我们除了可以做期现套利外，还可以做买近卖远的跨月套利。

实际行情情况，见表11-6。

表11-6

| 2011年2月14日期货行情（以当日收盘价为例） | | 2011年3月14日期货行情（以当日收盘价为例） |
|---|---|---|
| Cu1102 | 74290 | 已经到期 |
| Cu1103 | 75050 | 68750 |
| Cu1104 | 75580 | 68730 |
| Cu1105 | 76270 | 68630 |
| Cu1106 | 76510 | 68600 |

2月14日，买进Cu1104合约，价格75580，同时卖出Cu1106合约，价格76510；

3月14日，随着贴水减小，同时了结以上两合约：

卖出Cu1104合约平仓，价格68730，同时买进Cu1106合约平仓，价格68600。则操作效益情况如表11-7：

表11-7

| 跨月套利效益（买近卖远） | | | | |
|---|---|---|---|---|
| 日期 | 2月14日 | 3月14日 | 盈亏 | 效益=Cu1104盈亏+Cu1106盈亏=-6850+7910=1060元/吨 |
| 操作 | 买进Cu1104，卖出Cu1106 | 卖出Cu1104，买进Cu1106 | | |
| Cu1104 | 75580买进 | 68730卖出 | 68730-75580=-6850 | |
| Cu1106 | 76510卖出 | 68600买进 | 76510-68600=7910 | |

操作结果显示，通过跨月套利，我们在一个月时间内获得了1060元/吨的收益。

（2）**卖近买远**

对于近期合约价格高于远期合约价格，而且以后的合约价差趋向于缩小的市场，可以考虑采用卖出近期合约同时买入远期合约的方法获取利润。

如上海期货交易所2010年7月15日和7月28日在合约Cu1008和合约Cu1010之间的套利操作过程如下：

行情情况如表11–8：

表11–8

| 合约 | 7月15日行情 | 7月28日行情 |
| --- | --- | --- |
| Cu1007 | 53780 | 合约到期 |
| Cu1008 | 53480 | 56110 |
| Cu1009 | 53170 | 56250 |
| Cu1010 | 52870 | 56200 |

2010年7月15日，近期合约月份Cu1008合约价格为53480，高于远期合约Cu1010合约价格52870，于是卖出Cu1008，同时买进Cu1010；

2010年7月28日，合约价差缩小，于是买进Cu1008平仓，同时卖出Cu1010平仓。其操作盈亏情况如表11–9：

表11—9

| | 跨月套利效益（卖近买远） | | | |
|---|---|---|---|---|
| 日期 | 7月15日 | 7月28日 | 盈亏 | 套利效益 |
| 操作 | 买进Cu1010，卖出Cu1008 | 卖出Cu1010平仓<br>买进Cu1008平仓 | | 效益<br>=Cu1008盈亏<br>+Cu1010盈亏<br>=−2630+3330<br>=700元/吨 |
| Cu1008 | 53480(卖出) | 56110买进平仓 | 53480−56110<br>=−2630 | |
| Cu1010 | 52870（买进） | 56200卖出平仓 | 56200−52870<br>=3330 | |

可见也可以获得一定收益。

（3）**基差变动规律**

我们在跨月套利过程中并不关心各个合约的价格走向，而仅关注两套利合约之间的基差变化，这是因为利润或亏损的来源不在于绝对价格的高低，而在于基差的扩大或者缩小。

根据经验，基差变动有如下规律：

在上涨行情中，由于人们过分乐观，远期合约升幅大于近期合约，近期比远期要升得慢，买近期卖远期比较有利，因为人们不可能在市场中永远保持高度乐观情绪，以后基差会缩小；

在下跌行情中，由于人们过分悲观，远期合约的下跌幅度大于近期合约，近期比远期要跌得慢，适合于前面买近卖远的平仓获利，而是否进行卖近买远的操作则要十分慎重。

（4）**跨月套利之风险规避**

一般而言，套利交易的风险相对有限。但是在套利交易中的卖近买远交易中，套利者存在较大的市场风险。

跨月套利中卖近买远交易的理由是近期合约价格高于远期合约价格，因此有买卖价差，可以进行套利操作，但是这里存在一个值得我们高度重视的风险就是：在商品市场上，存在由于现货的高度紧张，或者期货市场里多头的逼仓行为导致现货价格远远高于期货价格的风险。最为关键的是，从理论上讲，近月合约价格可以无限高于远期合约价格，从而导致近月合约与远期合约的价差无限扩大。在这种情况下，卖近买远的套利操作就要面临双重风险：一是因为近期合约到期而面临交割的风险，二是因为近期合约的逼仓导致套利组合产生巨额亏损。卖近买远的操作使交易商承受了无限的风险，但是其可能的利润却是有限的。

基于跨月套利中卖近买远交易中的风险无限、盈利有限的特点，对于没有现货交割能力的企业不宜进行卖近买远的套利操作，虽然如我们的示例中显示，该种操作也可能获取一定利润，但即便对于有现货交割能力的企业，也应慎用卖近买远的跨月套利操作，因为一旦发生严重逼仓，仅交割发票的税收损失就是一个可观的数字。

跨月套利交易中的买近卖远交易，由于会受到正常的持仓费的限制，远期合约价格不可能无限高于近期合约价格，因此买近卖远交易的风险相对有限。但是为了规避近期合约到期所产生的交割风险，在近期合约的选择上，应该在考虑价差的基础上适当选择稍远的近期合约。

# 三、跨市套利

## 1.跨市套利操作综述

跨市套利是在不同市场之间进行的套利交易行为。它是指在某一市场中买入一个交易合约，同时在另一个市场中等量卖出同品种的另一合约，从而获取市场间价差的行为。目前国内比较盛行的跨市套利主要有伦敦金属交易所与上海期货交易所之间的金属品种跨市套利、上海黄金交易所与上海期货交易所之间的黄金套利等等。今后，随着国内交易品种的不断丰富，可供套利的品种也必然更多，掌握跨市套利原理与技巧也越发显得重要。

跨市套利存在的基础是两个市场之间的价差。目前来看，国内国外两个市场之间存在价差的几率比较大，有较好的套利条件。金属市场中比较典型的套利是伦敦金属交易所和上海期货交易所之间的铜合约内外盘套利。它分为买伦敦铜卖上海铜的“正向套利”和买上海铜卖伦敦铜的“反向套利”。由于国家关税政策以及两地价格绝对值比较等原因，“反向套利”的风险相当大，如果没有较大把握，一般不应进行“反向套利”。

## 2.跨市套利的操作

伦敦铜的“正向套利”就是买进伦敦铜，同时在上海等量卖出合适月份铜期货合约以获取两地之间价差的套利行为。

我们以2006年12月27日的行情说明跨市套利的操作流程。

行情情况如下：

2006年12月27日LME铜价6425

LME现货贴水14.0C

2006年12月28日上海铜Cu0704价59850

汇率中间价7.8149

上海现货价62100

2007年元月29日上海铜Cu0704价54280

上海现货价57000

2006年12月27日，上海铜相对伦敦铜的比值较高，于是27日晚对进口操作的伦敦铜点价，次日在上海三月合约上抛出保值。一个月后，铜的进口手续完成，于是在上海卖出进口铜现货，同时对上海铜的期货空头平仓，以完成整个跨市套利过程。跨市套利的盈亏情况如下：

进口成本=国外采购价×汇率×增值税率×1.02+（销售费用+销售税金附加+财务费用）

=（6425−14）×7.8149×1.17×1.02+200

=59990

进口盈亏=（现货卖价−进口成本）×2000+期货盈亏

=（57000−59990）+（59850−54280）

=−2990+5570

=2580元/吨

上面计算中所有的数据都是市场实际数据。通过上述交易过程我们可以看到：在2006年12月27日点价后，经核算的进口成本59990高于第二天的上海期货交易所三月铜Cu0704价格59850，但是低于28日的现货价62100，因此买进伦敦铜后在上海卖出的跨月套利必须要考虑现货价格的高低。同时在2007年元月29日，上海现货价为57000，期货价为54280，进口铜销售日现货的高升水也有利于提高跨市套利的收益。

事实上，跨市套利并不一定要以实物进口的方式进行。如果在套利过程中，上海铜和伦敦铜的比值下降到一定程度，就会出现电铜在国外销售的效益比在国内销售好的情况。在这种形势下，我们可以考虑将上海铜平仓，同时将买进的伦敦铜境外销售，这样做的另外一个好处是加快了资金周转速度，同时减少了进口环节的许多手续。但是值得注意的是，这样操作存在一个外汇核销问题，需要设法解决。

由于跨月套利是获取市场之间的价差，而这种价差并不是永远存在。因此跨市套利必须选择高比值的时候进行。近年来，由于参与伦敦与上海之间套利的交易商越来越多，两地之间的无风险套利机会基本熨平，市场人士更多地把进口铜业务改成了一个利用跨市套利的实物进口获得融资的渠道。

### 3.跨市套利的融资效用

通过开具信用证跨市套利实物进口的货物具有融资效用，这种融资属于信用融资，目前国内的许多企业已经在做该项业务。虽然在2011年4月份国家外管局的新规限制了该项业务，但是了解融资交易过程对理解国内铜的价格形成仍然有很重要的意义。

**（1）进口融资业务的操作效益**

以2010年2月23日点价进口2000吨电铜为例。

首先根据进口合同办理进口许可证及银行远期信用证，争取开6个月远期信用证。市场情况如下：

伦敦23日晚现货价格7140−29=7111（不考虑远东升水，现货贴水29美元）

2月24日上海三月铜价58320

汇率中间价6.8271

3月24日上海现货价格59050

上海三月铜价59350

贷款利息以6厘计算，即0.6元/100元·月

操作上，2月23日在伦敦点价，价格7111，择机在国内期货建立空头，量价视情况而定，暂时以当日期货价格58320计算。

完成铜现货进口流程大概需要一个月时间。一个月后，将进口铜现货卖掉，得到资金2000×59050=11810万元，同时期货空头买入平仓，盈亏2000×（58320−59350）=−206万；

进口成本=国外采购价×汇率×增值税率×1.02+（销售费用+销售税金附加+财务费用）

=7111×6.8271×1.17×1.02+200

=58136.6

进口盈亏=（现货卖价−进口成本）×2000+期货盈亏

=（59050−58136.6）×2000+（58320−59350）×2000

=−23.3万

此时我们手上多出资金11810万元，若动用其中的80%，计9448万元。该笔资金一直可以用到5月24日才需要偿还给开证行。（具体用人民币还是用美元视情况而定）

如果我们在此期间再进口2000吨电铜，重复上述过程，则理论上该笔9448万元资金可以无限期地免息使用。

则融资效益为2000×59050×80%×0.6%×12−233000=656.9万

由于实际贷款利率可能高于6厘，所以实际效益应该高于656.9万。若加大进口量，或者开6个月的远期信用证，效益还将大大提高。

（2）**进口融资业务要点**

进口融资业务需要通过实物进口来实现，两地市场的价差对其效益有很大影响。因此和单纯的跨市套利一样，进口融资也需要选择两市场之间的高比值时间进行。另外现货销售时也要注意现货的升贴水情况。

力争把信用证开为6个月信用证，这对融资的效果有很大影响；

要熟悉并做好进口铜的合同签订、网申、开证、报关、核销等工作，同时做好现货电铜的销售工作。

## 4.跨市套利及融资业务的风险规避

跨市套利由于在两个不同的市场之间进行，因此风险源相对较多。跨市套利的主要风险有以下几个方面：

（1）**市场规则的风险**

以进口铜套利为例。尽管上海期货交易所和伦敦金属交易所都是交易电铜，并且大部分伦敦注册铜还可以用于上海铜的交割，但是伦敦金属交易所的交易规则与上海交易所有很大不同。这集中表现在合约大小设计不一样、交割规则不一样、交易时间不一样、涨跌停板限制不一样等等。因此如果要在两个不同市场同时交易，一定要把两个市场的交易规则弄懂吃透，否则将可能产生巨额损失。

（2）**保证金风险**

期货市场的规则是如果不能及时追加保证金，期货头寸就将被强行平仓。由于套利交易在两个不同市场进行，一个市场的盈利无法冲抵另外一个市场的亏损，因此亏损市场的保证金要求就比较高。在套利或者融资过程中，一定要有充足的资金作后盾。

（3）**进口业务方面的风险**

俗话说：无知是最大的风险。除了把握好交易时机外，进口过程中还有许多工作要做。比如合同签订、开立信用证、报关、核销等工作。如果对进口业务不熟悉，可以请专业的进出口公司做代理。不过由此产生的费用要计入成本核算中。

（4）**政策风险**

国家的外汇政策、进出口政策、关税政策等等都直接影响到跨市套利的成功与否。因此在交易时要关注可能的政策变化，防范由此产生的风险。

（5）**汇率风险**

汇率变化可能导致套利交易由成功变为失败。由此在信用证开立、结汇等环节都要考虑到汇率波动的风险。必要的时候可以通过人民币对美元的NDF交易对冲汇率风险。

（6）**融资业务的泡沫风险**

融资业务实际是信用融资，其关键是企业在银行的信用度，优点是可以把信用优势转化为资金优势。但是一个事物存在多个方面，进口融资业务对企业来说是一把双刃剑，存在一定的泡沫成分在里面。我们可以看到，当价格下跌的时候，后期进口铜提供的资金有可能不足以维持融资的需要，因此在获得资金的同时，企业要防范价格下跌引起的资金链断裂的可能。要防范过度使用杠杆的风险。

跨市套利作为一种稳定的获利方式曾经在上海铜市场大行其道。但是近年来由于上海和伦敦两地之间的比值系数持续下降，该项业务，包括融资业务已经很难获利。但是了解该项业务，对于我们正确看待国内外市场的联动关系、正确把握可能的商机还是非常重要的。

## 四、跨商品套利

当两种不同的商品受相同的供求关系所支配，或者不同的商品具有一定的可替代性，这两种商品就成了关联商品。正常情况下，相关联的商品会出现同涨同跌的态势，其价格比变动会保持在一定的合理范围内，比如铜和铝的价格就有关联性。

在一定条件下，关联商品的比值可能出现扭曲。跨商品套利就是利用该扭曲的比值回归正常的过程获取利润。比如上海铜和铝的比值在2010年以前基本维持在3.6以下，到2011年达到4.2以上，我们就可以进行买铝卖铜的操作，见图11-1。

图11–1

进一步的分析可以证明，当比值关系在4.2以上时买铝卖铜套利可以获得利润。如2011年2月15日买铝卖铜，5月4日铜铝合约同时平仓，见表11–10。

表11–10

| | 2011年2月15日 | 2011年5月4日 | 盈亏 |
|---|---|---|---|
| Al1106 | 买开17280 | 16730卖出平仓 | （16730–17280）+（76450–68500）=7400 |
| Cu1106 | 卖开76450 | 68500买进平仓 | |

该跨商品套利操作获利较为可观。

从上面的例子可以看到，金属的跨商品套利就是在关联金属的比值出现异常的时候，买入一种金属的期货合约，同时卖出另外一种金属的同一交割月份合约，之后等待关联金属的比值逐渐恢复正常时同时平仓获利。但是该项套利的风险是：很难确定关联商品的比值是多少才是合理比值。因此跨品种套利操作的风险在一定程度上不可控，在实际交易中应慎重行事。

## 五、套利交易的组织

套利交易是一种策略交易。既然是策略，那就应该进行完善的策划与组织。

### 1.要将套利交易单独立项

交易商一般不会单纯从事套利交易。为避免其他交易行为对套利的影响，我们应该将套利交易单独立项，为其准备专门的资金，并单独核算。如果可能，也可以配备专门的人员和机构负责操作。

### 2.要制订完整的套利交易计划

凡事预则立，套利交易也是如此。我们要清醒地认识到套利交易不同于一般的投机交易。如果没有事先计划，套利交易就很可能蜕变为投机交易。比如说价格运动比较强烈的时候，就可能出现某一方向平仓后另一方向的头寸仍然保留的现象。这种情况下套利交易就变质为一个没有交易计划的投机交易了。

3.要明确并非所有的套利都是低风险交易，要杜绝高风险低收益的套利行为，如跨期套利之卖近买远交易。

### 4.不要苛求套利交易利润

由于套利交易承受的风险较小，所以其利润率也较低。但是稳定的收益是套利最吸引人的地方。把高利润的投机交易和稳定的套利交易结合起来才是我们在交易场中的最合适选择。因此在交易过程中不要苛求更多的套利利润，积小胜也可以成为大胜。

# 第十二章
# 企业在期货市场中如何正确保值

众所周知，套期保值对企业的生存发展具有重要意义。据说在美国，银行向企业发放贷款的时候会考察企业是否进行套期保值操作。如果企业不在期货市场里保值，银行对于是否贷款给企业就会非常慎重。套期保值对于企业稳定经营的重要性由此可见一斑。但是企业在期货市场中到底应该如何保值呢？

## 一、套期保值也有风险

有效保值化解企业风险，无效保值化解企业利润。图12–1是一个企业的保值实际效果图。

从图12–1效果图中可以看到：该企业在2007年利用行情上下振荡的机会灵活对原料采购和产品销售进行保值，最终达到了既降低采购成本，又确保产品售价的保值效果。而在2008年，该企业利用套期保值工具防范了价格暴跌的风险，获取了巨额平仓盈利。在随后的2009年初，该企业又为可能的价格上涨作做好了准备，提出了“建立原料战略储备”的经营方案。可以说，该企业的保值达到了有效化解企业风险的目的，属于有效保值。

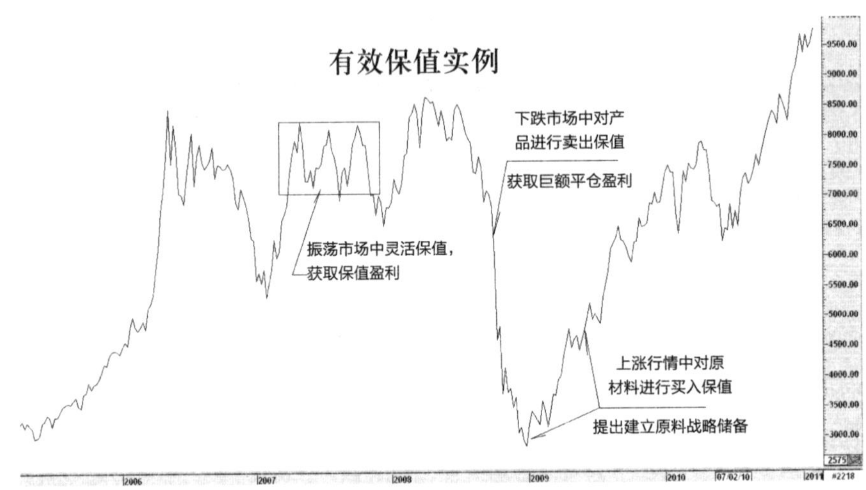


图12–1

但是，套期保值并不是一颗糖，对企业只有甜蜜没有苦涩。无效保值不仅不能化解企业经营中的风险，反而会给企业造成巨大损失。

根据公开的资料，国内一些航空企业在2008年燃料油期货上的保值头寸遭受了巨额损失，这就是无效保值的实例。

2008年11月21日，国航发布公告称，截至10月31日，公司参与燃油套期保值合约公允价值损失达31亿元，在该公司的三季报中燃油套期保值合约公允价值损失是9.61亿元。

几天之后的11月27日，东航发布公告称，截至10月31日，公司航油套期保值合约公允价值损失约18.3亿元；2009年1月12日，东航又发布公告称，公司2008年12月的航油套期保值合约发生实际现金交割损失约

1415万美元，根据初步估算，东航2008年全年航油套期保值公允价值损失高达62亿元。

由于曝出了巨额保值损失，几个企业受到了社会各界的诟病与指责，不少人指责企业进行了投机交易，还有人声称企业中了国际投行的“圈套”。但是具有戏剧性的一幕是：中国国航、东方航空公布的2009年三季度报表显示：因得益于国际油价回升，国航及东航的燃油套保合约的公允价值已经由浮亏转为浮盈，加上政府补贴等其他收入，国航东航2009年三季度净利润同比激增100%。而东航更在2011年3月透露，东航已经向政府申请航空燃油套期保值许可，现正在等待政府批准。事实上，企业的业绩以及行为已经证明了企业保值所出现的巨额损失既不是因为企业进行了投机交易，也不是上了国际投行的“套”，而是企业进行的是我们后面谈到的简单性保值。这种简单性保值对企业有利也有弊。作为主管部门也好，或者是公共媒体也好，并不应该对企业的这种简单保值行为进行简单的指责，而是应该探讨符合企业利益的最优保值方式。

许多保值事例都充分证明：套期保值仅仅是一个金融工具。既然是工具，我们就要会用工具，善用工具而不能乱用工具。就像伐木的斧头不能放在手术室里一样，对金融工具的乱用和滥用都会给企业造成损失。

（注：关于国航及东航的的保值信息均来源于公开媒体。笔者并没有对这些信息进行核实，也不对这些信息的真实性负责。笔者的目的仅是把上述信息用于说明保值风险及保值方式的不同思路。笔者非常尊重所有企业对保值的尝试与努力，因为企业的保值探索为我们保值理论的完善作出了贡献。笔者无意对这些企业有任何冒犯。如有不妥之处，敬

请谅解。)

## 二、成功的企业要追求保值的有效性

企业的保值方式有两种：一种是简单保值，一种是有效保值。如果要提升企业效益，则应力争有效保值。我们下面以加工企业为例说明简单保值和有效保值的异同。

### 1.简单保值

简单保值认为：加工企业在原料采购的同时存在产品销售，因此其价格风险主要集中于产品销售量与原料购入量的差额上面。简单保值的操作就是不管今后价格是上涨还是下跌，都一律对该差额进行期货保值，由此获得稳定的加工费。该保值方式就是在任何情况下都不持有开口头寸。

图12-2是不开口情况下企业效益示意图。

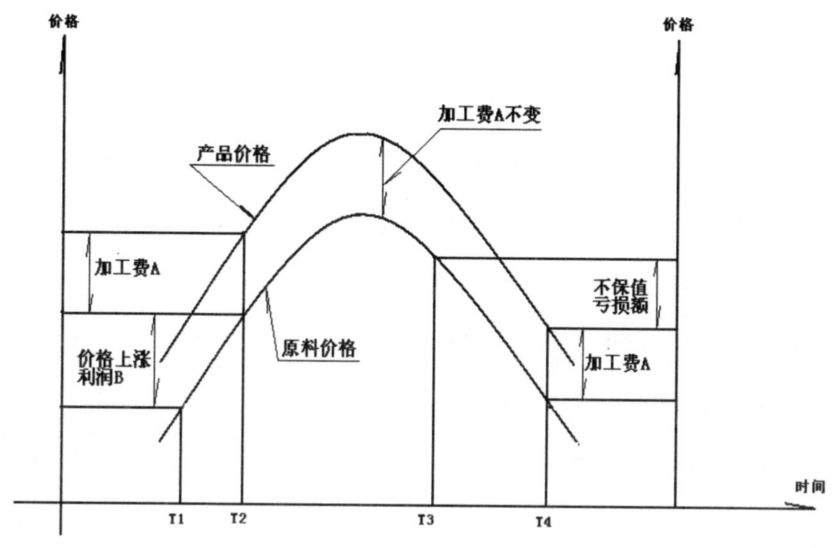


图12–2

为清楚说明简单保值在上涨过程中的保值效果，我们对图中的价格作如下假设：

假设在时间T1时：

原料价格为10000元/吨

加工费A为500元/吨

则产品价格为10500元/吨（视同期货价格）

在时间T2时，价格上涨了1000元/吨

则原料价格为11000元/吨

加工费A仍为500元/吨

产品价格为11500元/吨

如果价格上涨，简单保值的操作效益如下：

在时间T1时，假设当日原料采购量为200吨，产品销售量为100吨，则差额为多买入原料100吨，价格为10000元/吨，于是在期货上卖出100吨，价格为10500元/吨。

到时间T2时，该多采购的100吨原料生产成产品进入销售期，此时的原料价格为11000元/吨，于是在现货销售时期货平仓。产品销售价11500元/吨，期货平仓价11500元/吨。

现货盈亏=11500−10000=1500

期货盈亏=10500−11500=−1000

总盈亏=现货盈亏+期货盈亏

=1500+（−1000）

=500

=加工费A

该例说明，在价格上涨过程中简单保值保证了获得加工费收益A。

为了说明简单保值在下跌过程中的保值效果，我们也对T3和T4的价格作如下假设：

假设在时间T3时：

原料价格为12000元/吨

加工费A为500元/吨

则产品价格为12500元/吨（视同期货价格）

在时间T4时，价格下跌了1000元/吨

则原料价格为11000元/吨

此时加工费保持不变，为500元/吨

产品价格为11500元/吨

仍然按上面例子，在时间T3时，当日采购量为200吨，销售量为100吨，差额为100吨，价格为12000元/吨。此时的操作仍然为在期货上卖出100吨，价格为12500元/吨。

到时间T4时，该采购的100吨原料生产成产品后进入销售期，于是现货销售时期货平仓，产品现货销售价11500元/吨，期货平仓价11500元/吨。

现货盈亏=11500−12000=−500

期货盈亏=12500−11500=1000

总盈亏=现货盈亏+期货盈亏

=−500+（+1000）=500元/吨

=加工费A

从上面两个事例可以看出，简单保值的目标就是得到稳定的加工费收入，而不管价格是上涨还是下跌。

## 2.有效保值

有效保值也认为加工企业的价格风险集中于原料采购与产品销售量的差额上面，但是对于是否保值，有效保值认为首先应该在经营过程中控制风险源的产生，其次要对可能的风险源进行风险评估，若不存在价格风险或者价格风险很小则不应该进行保值，而如果存在一定风险或者不清楚风险大小，则应该进行保值。

按有效保值的思路，在上面价格上涨的事例中，原料采购后可以不予保值，则企业效益为T2时间的产品销售价格减去T1时间的原料采购价格：

盈亏=T2产品售价-T1原料买价

=11500-10000

=1500元/吨

=价格上涨利润B+加工费A

上面例子证明有效保值在保证加工利润的基础上有可能同时得到时间价值带来的利润B以及加工利润A。由于价格上涨的幅度可能相当大，企业有效保值的效益明显优于简单保值。

对于上图中T3到T4的情况，我们只要判断价格可能下跌，或者对价格走势不清楚，那么都应该采用简单保值，这样我们同样会保证加工费收益。

### 3.有效保值和简单保值的取舍

有效保值是针对企业经营的风险源进行保值，简单保值则是对价格流的不平衡量进行保值；有效保值要考虑价格走势，经营目标为企业效益最大化，简单保值不考虑价格走势，把经营目标定位于赚取原料到产品的加工费。简单保值的优点是比较稳健，但是其最大的缺点就是可能导致无效保值，也就是在价格上涨过程中做了卖出保值，在价格下跌过程中做了买入保值。而我们前面也提到过，简单保值是国内航空公司2008年期货重大亏损的原因之一。

从保值效果来说，简单保值与有效保值的最大不同是简单保值可能导致保值失败，成为无效保值。而有效保值虽然也可能产生亏损，甚至是保值失败，但是其保值的目标清晰，保值成功的几率也因此比简单保值高得多。

进行简单保值的另外一个不利之处在于保值者往往认为自己从事的是套期保值交易，因此对保值过程中产生的亏损无动于衷，认为亏损是套期保值的正常伴生物。这些交易商以为自己披上了套期保值的外衣，就在市场里拥有了一个刀枪不入的铠甲。实际上，在市场中进行简单保值者最容易沦落为一个市场上的软壳虫而不自知，因为他们对市场的反应相对迟钝，更因为他们对亏损的容忍心理。

在交易场上我们不反对进行简单保值，但是我们提倡进行有效保值，进行简单保值只是企业受条件所限的无奈选择。企业选择哪种保值方式主要看操盘人的操盘能力与操盘精力。对没有操盘精力以及要求较低的企业，采用简单保值也可以规避一定风险（如东航在2008年以前一直有期货盈利），但是对有一定操盘能力以及操盘时间的企业，则还是应该坚持有效保值。

长期做到完全理想的有效保值是非常困难的工作，但是企业树立有效保值的观念，有利于规避无效保值，也有利于提高企业效益。

## 三、追求保值有效性的理论依据

追求套期保值的有效性，实质是要追求价格的优化，由此不免有进行价格“投机”的嫌疑。然而考察套期保值的定义后我们可以发现，追求套期保值的有效性与套期保值理论并不冲突。

首先，在期货市场中对套期保值理论是否有投机成分存在不同的理解。

传统的套期保值观点认为："套期保值是通过在期货市场建立与现货市场数量相当但交易方向相反的头寸，来对冲现货市场头寸固有价格风险的活动。套期保值者利用期货市场保证其业务免受不利价格波动的影响。"持这种观点的人认为，套期保值的重点是回避不利的价格风险，为此保值者必须放弃获得投机性利润的机会。我们上面谈到的简单保值某种程度上就是这种思路的产物。

在传统套期保值者的观点中，套期保值交易与投机交易是迥然不同的两种交易方式，是水火不相容的两个概念。但是许多市场人士，比较知名的如托马斯·A·希隆尼就对套期保值的投机性有不同的理解。

希隆尼把投机划分为价格水平投机和价格关系投机。他认为我们通常所说的投机是指价格水平的投机，而套期保值是一种针对价格关系的投机，是一种针对期货和现货的价格关系也就是针对基差的投机。从套期保值的实际操作情况来看，基差对于套期保值的成败有着非常重要的影响，因此认为套期保值也是一种投机有一定的合理性。

其次，追求有效保值与传统的套期保值观念并不冲突。

我们可以看到，传统的套期保值观念是用期货对冲现货的价格风险。既然谈到对冲的标的是价格风险，那么自然就存在一个风险权衡问题。有风险就要对冲，没有风险或者风险很小是不是也需要用期货对冲呢？有效保值强调的正是对风险的对冲，它与简单保值的重要区别就在于多了一个风险权衡过程。有效保值就是要在权衡到现货存在"不利的价格风险"以后再去对冲这一风险。所以从根本上说，追求有效保值的做法与传统的套期保值理论并不冲突。

# 四、企业进行有效保值需要建立有效保值模型

建立有效保值模型，有利于企业保值流程的规范化，有利于提高企业管理水平。

## 1. 企业可以参照加工型企业建立有效保值模型

以铜产业为例，各种类型的企业都可以套用加工型企业的保值模型。为便于说明问题，我们先来看看图12-3的加工型企业经营流程图。

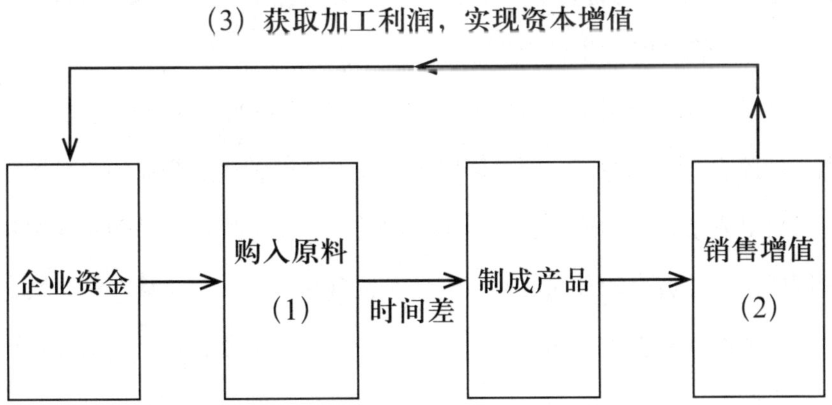

（3）获取加工利润，实现资本增值

企业资金 → 购入原料（1）→ 时间差 → 制成产品 → 销售增值（2）

图12-3

从图12-3中可以看到，加工型企业的经营过程中首先用资金买入原料，加工成产品后销售增值形成循环。在这个过程中的风险主要来源于购入原料到生产成产品过程中的时间差以及在该时间段内的价格波动。

（1）**铜贸易以及进出口企业可以套用加工企业的经营流程**

铜贸易企业动用资金购买原料，此时原料的数量和价格为确定数。我们把此时的原料称为原料形态一。经过一段时间后，贸易企业要对该批原料进行销售。此时的数量和价格都可能发生变化。我们把该时间点的原料称为原料形态二。贸易企业的经营过程就是资金转化为原料形态一，再转化为原料形态二，实现销售增值的过程。如果我们把原料形态一视作上图中加工企业的购入原料过程，把原料形态二视作加工企业的产品销售增值过程，那么铜贸易企业所面临的经营风险就与加工企业完全一样了，铜贸易企业就可以套用加工企业的保值模型。

（2）**铜生产企业如矿山可以被认为是以生产成本价格购买原料的铜贸易企业，因此铜生产企业也可以套用加工企业的保值模型。**

（3）**铜冶炼企业属于加工企业**

许多人有一个错误的观念，认为铜冶炼企业每天生产出很多电解铜，因此它就是铜生产企业。实际上，我们考察铜冶炼企业的原料供应模式可以发现，铜冶炼企业原料组成中的90%以上要依靠外购，其中有在国内采购也有在国外采购，有铜精矿也有废杂铜。因此从严格意义上来说，铜冶炼企业属于铜加工企业而不是铜生产企业。它是把铜原料加工成电解铜再行出售的企业，可以应用加工企业的保值模型。

（4）**用铜企业属于典型的加工企业**

电线电缆厂、铜板带厂等用铜企业可以应用加工企业的保值模型。

## 2.加工企业的有效保值操作

从加工企业的经营流程来看，我们可以对购入原料环节（1）、产品销售环节（2）、利润环节（3）分别进行有效保值。

**（1）对购入原料环节的保值**

从有效保值的角度来看，在价格上涨过程中应该对原料采购进行买入保值。这种买入保值主要针对两种情况：一是产品销售量大于原料采购量的情况；二是对将要采购的原料在期货上提前买入。而下跌过程中的保值可以放到对产品销售环节的保值进行。为此，我们要开展以下购入原料环节的保值工作：

①尽早确定国内外各种原料的采购价，包括国内采购合同签订、国外点价价格确定等等；

②对销售量大于采购量的金属不平衡量在期货市场进行买入保值，同时尽量不要签订远期销售合同；

③如果是大牛市，可以考虑选择买入保值时机，但不宜犹疑不决，以免贻误战机；

④如果是对未来购进原料进行保值，则应该控制保值总量，不要超越企业的风险承受能力；

⑤不要因利润而平仓，我们要收割麦子而不是收割麦苗；

⑥由于牛市阶段存在现货升水现象，因此对于提前买入的保值头寸的退出，要坚持低升水多退、高升水少退的原则，以尽量提高买入保值的效果；

**（2）对产品销售环节的卖出保值**

在价格下跌过程中应该对产品销售环节进行卖出保值。同样的，这种卖出保值主要是针对两种情况：一是原料采购量大于产品销售量的情况，二是对未来的产量进行保值的情况。对上涨的保值主要由对原料的保值来完成，不在产品保值中进行。为此，可以开展以下针对销售环节的保值工作：

①对原料采购量大于产品销售量的部分在期货市场进行卖出保值，同时尽量签订远期销售合同，并设法保证远期销售合同的履行；

②减少原料采购量，推迟进口原料作价时间；

③熊市卖出不可忧郁，不必花费过多的时间选择卖出时机；

④控制期货保值数量；

⑤和买入保值一样，不要因利润而平仓；

⑥熊市中可能存在现货升水，也可能存在现货贴水，因此对于保值头寸的退出，应在现货升水的时候多退，现货贴水的时候少退。

**（3）对利润环节进行双锁保值**

利润环节的双锁保值是指在两个不同的期货市场中一个做买入保值，另一个同时做卖出保值。保值时间点的选择主要选择在高比值的时候进行（这几年铜价到下半年后比值下降）。

如某电缆企业在LME采购电铜，待实物进厂生产成电缆卖出，这时它就可以选择一个高比值的时候，在LME点价买入，在国内期货市场卖出进行双锁操作，确保企业利润。

## 五、套期保值的过程控制

保值过程控制主要是做好以下工作：

### 1.重视并做好市场分析工作

能否做到有效保值的关键因素是分析清楚市场。只有通过市场分析，我们才能明白我们所处的市场环境，明白今后的价格走向以及我们所面临的市场风险，明白我们是否有必要在市场中对自己所持有的现货进行保值。也只有通过市场分析我们才能形成相应的有效的套保策略，才能对企业的经营起到保驾护航的作用。

分析市场并不意味着投机，它是进行有效保值的必要手段，也是防止保值失败的必要措施。在牛市状态下我们应该尽量多做买入套保，尽量控制卖出，不管这个卖出是现货方式还是期货方式。而熊市的情况下则刚好相反。

### 2.发现风险源

套期保值的基本目标就是化解企业的经营风险。而要化解企业的经营风险，首先必须发现风险源，然后才能利用套期保值这个工具有效地化解风险。

发现风险源不仅有利于我们对已经产生的风险采取措施，而且有利于我们控制风险源产生更多的风险，因此对风险源的发现和控制是企业经营过程中一个非常重要的环节。

### 3.设计套期保值方案

对已经产生的市场风险,有效保值的观点倾向于首先利用现货方式化解，在现货方式无法化解的情况下再考虑采用套期保值工具化解风险。为此必须设计合理的套期保值方案。

### 4.设计套期保值方案要注意的一个错误观念

企业在设计套期保值方案的时候往往容易陷入一个错误的思维，就是容易根据企业的经营目标或者现货盈亏情况决定期货保值方向和保值量的大小。这种思维方式的弊病是当企业的目标与市场差距较大的时候容易错失市场机遇。

比如说一个铜生产企业，如果铜价卖到50000元/吨可以完成企业的利润目标，那么这个企业往往容易把50000作为企业的保值点位。但是市场价格如果只上涨到49000就一泻千里，企业就会错失保值卖空的机会，而市场价格如果上升到80000，企业又会丧失很多的利润。更为重要的是，企业在50000保值后，不断上升的铜价还会给企业带来沉重的保证金压力。

事实上，套期保值方向、价位都应该根据整个市场大环境的发展趋势来决定，而不应根据本公司的市场小环境来作决定。这是我们在设计套期保值方案的时候必须注意的一个重要概念。

### 5.套期保值方案也要有“止损”概念

有效保值的基础是正确的风险发现，而正确的风险发现必须基于正确的市场认识。但是实际操作中，任何人都无法保证自己的认识是正确的，而对市场的错误认识可能导致错误的套期保值操作。我们在设计套期保值方案的时候，对这种判断失误的保值，必须有“止损”的概念，以避免不当保值造成的损失扩大化。

### 6.保持现货和期货头寸相对应

套保转化为投机是套期保值业务的大忌。我们的期货头寸不能超出现货量，这样才能避免套保操作转化为投机操作。而对于双锁操作，则要注意在两个市场中同进同出，不能受行情的诱惑在一个市场平仓而把另一个市场的仓位留待更好的价格，这样就会变成被动投机了。

## 六、企业套期保值的注意事项

### 1.慎重保值

如前所述，保值也有风险，不当保值对企业的发展会形成伤害，因此在保值过程中一定要有风险意识。

套期保值的基本目标就是化解企业的经营风险。无效保值中不当的市场风险臆测是套期保值失败的主要原因。如在牛市上涨行情中，企业的风险主要是原材料价格不断上涨的风险，而产成品价格下跌的风险就不是主要矛盾。因此有效保值主要是采用买入保值对冲原料价格上升风险。如果我们判断错误，在上涨行情中对产品进行了卖出保值，那么这种保值就不是有效保值。

## 2.要明确成功保值的标准

我们必须要有一个明确的标准来评判套保操作是否成功，如果没有成功的标准，套期保值操作将无所适从。

**（1）有平仓盈利的保值肯定是有效保值**

从企业经营角度来看，套期保值成功的标准是：对于原料买入行为的保值，最终得到的原料价格低于当时的市场平均价；对于产品卖出行为的保值，最终得到的产品销售价格高于当时的市场平均价，也就是说，保值最后的结果是企业得到的现货价格优于当时的市场平均价。而要通过套期保值做到企业的最终价格优于市场平均价，一定是通过期货的盈利弥补现货价格的损失，也就是说，期货里有平仓盈利的保值肯定是有效保值，平仓盈利越多，保值效果越好。

**（2）放弃的风险价格区间在预计范围内的保值是有效保值**

有平仓盈利的保值是有效保值，没有平仓盈利的保值不一定就不是有效保值。实际运作过程中，企业放弃的风险价格区间在企业预计范围内的保值也可以认为是有效保值。

比如说一个铜生产企业预计铜价有可能最高会达到62000的价格水平，但是企业要等到铜价达到62000再施行保值的风险比较大，因为铜价在一些不确定情况下也有可能滑向50000甚至更低的价格水平。为防止铜价滑落的风险，企业决定将保值点设在60000的价格水平，放弃60000到62000之间2000点的风险价格区间。之后铜价到销售日的实际价格水平达到了62000，期货里面产生了2000点的亏损，在这种情况下，我们仍然认为企业的套期保值是成功的保值。企业放弃的2000点价格空间是为了防止铜价滑落到50000甚至更低水平，是保证铜价销售价格达到60000所付出的保险费。

在某些情况下，企业的经营活动必须付出上面的“保险费”。这种情况有点类似于人们“买保险”，为了避险就必须付出相应的“保险费”。而套期保值的保单功能，也就是为企业的原材料、产成品买保险。既然是买保险，企业就会为此丧失一部分利润空间。对此，企业经营者必须有正确的认识。

有效的套期保值就是要合理使用这些“保险费”，用最少的保险费买到尽可能多的有价值的保险。

合理使用“保险费”对企业套期保值的成败具有极为重要的意义。在保险工作中，如果两份保险单的保险条款相同，A份保险单的保险费是10元钱，保险金额为10000元，B份保险单的保险费同样是10元钱，保险金额为15000元，那么我们说买B份保险单的保险费就得到了相对充分的使用。同样的，我们进行有效保值也要用最小的”保险费”保住最大的保险金额，也就是说要尽量减少期货上的平仓亏损，尽量使企业放弃的风险价格区间达到最小。

### 3. 防止攀比思想

套保操作中往往有攀比思想发生：某某公司在什么价位卖了，现在价格比他们卖的价格高了很多，所以我们也可以卖了。或者某某公司的亏损头寸比我们大多了，我们的亏损比他们小多了，等等。

期货操作中的攀比思想容易导致交易者思想麻痹，从而扩大损失。我们应该记住：别人考40分永远不是我们考50分的理由。

### 4.要善待期货决策人员

我们在前面的章节中已经谈到过，集体智慧无法取代决策人员的作用，因此必须善待期货决策人员并设法调动期货决策人员的积极性。

有个歇后语叫做“徐庶进曹营——一言不发”，说的就是决策人员的积极性没有被调动起来。如果不能善待和调动期货决策人员的积极性，保值工作一定不会有好的局面。

### 5.建立相应的规章制度，完善基础工作

企业的期货保值工作需要规范化运作。为此有必要建立并严格执行相应的规章制度。企业可以考虑建立如下制度：

(1) 企业期货运作管理通则；

(2) 企业套期保值组织细则；

(3) 套期保值参考模型；

(4) 期货业务奖惩考核细则。

坚持正确的套期保值理念有利于我们做好期货工作，也有利于企业的生存发展。只要我们树立正确的套期保值理念，正确使用套期保值工具，我们的保值就会像米卢提倡的“快乐足球”一样，成为“快乐期货，快乐保值”。

# 后记
## 以理性的态度迎接价格变动

市场价格的变动已经影响到了社会经济生活的各个方面。我们注意到，当一些大城市的房价达到3万多4万一平米的时候，一些人几年前买的房子不过是3千多4千一平米，并且有些人还因此拥有了“蓝印户口”；当铜价下跌到两万多元一吨的时候，有些企业还能够按6万以上的价格销售电铜。我们不得不承认这样一个事实：市场的价格变动已经影响到了我们每一个人的生活，影响到了每一个企业的生存发展。——价格变动不仅存在于期货市场，也存在于我们的日常生活中，需要我们以理性的态度对待它。

有价格变动就一定有价格风险，所以你可以不做期货，但是你不能不懂期货。这种价格变动风险并不一定局限于期货和股票市场，它只是在期货和股票市场里表现得尤其明显和直接。比如说上海房价1万多元1平米的时候你没有买房子，等到房价4万多1平米的时候你再买房子可能就有些吃力了。这就是价格变动风险。

我于1991年接受期货培训，是中国内地交易所的第一批期货交易员。多年的期货经验使我在应对价格变动风险的时候特别推崇“理性交易”这一核心概念。我们可以看到本书中谈到了改变我的交易理念的战役，谈到了交易过程的心理控制与交易策略交易时机的选择，我们还可以看到书中介绍的一些交易技巧。然而对于读者来说，成功的

交易并没有一定之规，成功的经验只是可以作为借鉴。可以这么说，我所谈到的方法和策略可能并不适用于每一个交易者，但是如果交易者能够根据自己的个性和气质，在通读本书的基础上加以提炼，形成适合自己的心理控制方法与交易策略，那么交易者的交易能力就一定会得到很大提高，对事物的认识也一定会更为理性。

应对价格变动风险需要知识和智慧，需要理性的态度。从这个意义来说，我原意把自己对交易理念、心理控制方法、市场分析方法的理解拿出来供大家参考，其目的是希望中国的金融领域里也能够出现诸如索罗斯、罗杰斯之类的大师级人物。如果该书最终能为这些未来的中国期货大师提供些许帮助，我会感到非常开心。

该守则的修订工作始于2009年6月，到今年6月最终定稿，前后正好两年的时间。由于这两年来期货行情出现了不少变化，所以我把一些相关图表进行了更新，希望该书能够成为操盘者交易时的得力工具。

书稿临近完成之际，我心中的不安却在日益加深。一来是担心自己才学疏浅，对市场的理解有失偏颇，从而误导各位读者。二来是在上海参加了几次“期货高手经验介绍”，看到高手们在期货市场里赚钱似是信手拈来，赢利高达百分之几百，我确实自愧不如。然而考虑到自己依靠书里介绍的方法确实取得了稳定盈利的效果，心中也就稍微释然。如果读者能够参考我的经验，再结合自己的实际情况应用于不同的期货品种，我想其操盘能力一定会有很大的提高，操作结果也会大大改善，这样也就没有枉费我自己的这一番心血。如果有读者在成功的时候能够想起曾经读过我这本书，我也就非常欣慰了。

关于市场的操作技巧，可以说是仁者见仁，智者见智。很多奋斗在交易市场中的朋友也一定有自己独特的感悟。希望这些朋友不吝赐教，以使我们能够共同发展。另外有兴趣的朋友我们也可以共同探讨交易中的问题。我的邮件地址为：xiaominshun@sina.com ，xiaominshun@163.com.

最后，我要用一颗感恩的心感谢在我人生中给了我帮助的人们，他们是我人生中的贵人，我真诚地谢谢他们。

肖敏顺

2011年6月20日